ヤクザ・チルドレン

石井光太

まえがき

暴力団の家族として生まれ育った子供たちは、社会の中でどう生きているのだろうか——。

二〇二〇年度の警視庁の発表では、暴力団の構成員、準構成員は全国で合わせて二万五千九百人いるとされている。三十年ほど前には約十万人だったことを踏まえれば、暴力団家庭で生まれ育った人の数は、すでに成人となっている人を合わせて数十万人規模に上ると考えられる。

暴力団の構成員は、自らのことを「ヤクザ」と称する。ヤクザは、職業ではない。暴力性を誇示する組織（暴力団）に属し、その威光を笠に着て不当に利益を得る人間のことだ。

彼らが生きる世界の秩序は、一般の人にはにわかに理解しがたい。

まず、暴力団に入るには、盃事という儀式を経なければならない。酒を「血」として交わすことで、擬制《ぎせい》の親子関係、あるいは兄弟関係を結ぶのだ。いわゆる、「親分子分」「兄弟分」の関係で、これを行って初めて構成員として認められる。

この擬制の親子関係は、実の血縁関係に勝るものとされ、親分に対しては絶対服従が求められる。もし親分が黒いものを白いと言っても、子分はうなずかなければならない。親分の命令により、子分が抗争で相手の命を奪ったり、親分の罪を背負って代わりに懲役に行ったりするのはそのためだ。

子分が親分に対して、不義理をした場合は、「破門」や「絶縁」といって、特定の組織内だけでなく、暴力団社会全体から追放されることになる。そうなれば、シノギ、つまり暴力団としての生業ができなくなり、場合によっては命を狙われる立場に追い込まれる。

こうした暴力団としての擬制の親子関係とは別に、構成員には実の血のつながりのある子供もいる。その無軌道な生き方ゆえに、あちらこちらに愛人を囲って、五人、六人と子供を産ませているケースも珍しくない。

先にそうした子供が数十万人規模に及ぶと述べたが、彼らが出自を公にすることはほとんどない。一般の社会人であれば、父親が暴力団構成員であることは、デメリットでしかないためだ。

本書で目を向けるのは、そんな子供たちだ。

なぜ、暴力団家庭で育った子供たちの現状に光を当てる必要があるのか。それは、暴力団が置かれている現在の状況が深く関係している。

全国には、最大組織である山口組を筆頭として指定暴力団は二十四団体ある。このうち主要団体である山口組、神戸山口組、住吉会、稲川会の主要四団体が全体の七割強を占めている(二〇二〇年度、警視庁)。

暴力団は、折につけて自分たちの存在を「必要悪」として正当化する。

たしかに戦後の混乱期までは、そういう側面があったかもしれない。

たとえば、敗戦直後の日本では、「第三国人」と呼ばれていた在日朝鮮人の一部が土地の不法占拠をしたり、闇市や繁華街で無法行為をしたりして大きな利益を手にしていた。この時、敗戦で権力が弱かった警察は自分たちだけでは治安維持ができなかったため、今でいう暴力団にその役割を担わせたことがあった。

このような時代には、暴力団の親分が正業を手がけることも少なくなかった。山口組の三代目組長である田岡一雄が、神戸にいた荒くれ者たちをまとめ上げて港湾へ労働者を供給して全国港湾荷役振興協議会の副会長に就いたり、芸能プロダクションである神戸芸能社を設立して美空ひばりなどタレントの興行を行ったりしていたことは周知の事実だ。

しかし、彼らがいくら正業を持って社会的地位を得ようとしても、暴力によって人を威圧し、不当に資金調達していることに変わりはない。

そもそも暴力団の構成員の中には、劣悪な家庭環境、社会的差別、貧困などによって、若くして社会から排除された者たちが少なくない。彼らは学歴や人脈に頼るのではなく、腕力によって社会でのし上がることを目指した。そのためには同じような仲間を集めて組織を結成し、代紋と呼ばれる看板を掲げて、力を誇示する必要があった。それが暴力団だった。

彼らの力の源泉は暴力だ。人を殺すことも厭わないほどの暴力性を示すことで、裏社会から表社会の人々までを威嚇して支配する。商店からのみかじめ料の徴収、借金の取り立て、地上げといったことができるのは、人々を恐怖で支配しているからだ。

日本が敗戦で荒廃していた時代は、暴力団の力が治安を守ることに一定の役割を果たした側面もあったかもしれない。だが、それは特殊な状況下での話であり、戦後復興を果たして社会秩序が整うにつれ、暴力団の存在意義は薄れてきて、むしろ社会に対する悪影響の方が問題化していった。

高度経済成長期の一九六四年から、警察が全国の暴力団の壊滅を目指して「第一次頂上作戦」を行ったのは、そのことを雄弁に物語っている。その存在はもはや時代にそぐわなくなっており、国が総力を挙げて取りつぶす対象となったのだ。

一九六〇年代から一九八〇年代にかけて、全国の暴力団は大きく数を減らすことになった。一九六三年のピーク時には全国に約五千二百団体、約十八万四千人の構成員がいたが、一九八〇年代には十万人前後にまで激減した。

こうした時代の中で、暴力団は国による弾圧や暴力団同士の抗争を勝ち抜くべく、連合体としての巨大化を押し進めていく。山口組でいえば、一九九〇年には「直系」と呼ばれる二次団体だけで百を超えるまでに膨らんでおり、三次団体、四次団体を合わせれば途方もない数に上った。

一九八〇年代後半、日本が空前の好景気を迎えると、暴力団はその性質を変容させることになる。

それまでは暴力団は任侠道を謳《うた》って特定の街を暴力で支配し、賭博《とばく》やみかじめ料の徴収で収入を得ていた。だが、バブル景気に突入すると、それぞれの組織の代紋を利用して、高騰する不動産の占有や競売にかかわったり、巨大な公共工事の利権を握ったりすることで桁違いの金を転がすようになるのだ。組織の本部も、下部組織から上納金だけでなく、様々な名目で金を吸い上げていった。

金の亡者となった暴力団の姿の象徴が、西の五代目山口組のナンバー2と、東の二代目稲川会のトップだ。当時の山口組のナンバー2だった宅見勝はイトマン事件や繊維製品大手「クラボウ」の株の買い占め事件に関与して巨万の富を手にした人物であり、稲川会会長だった石井隆匡は東京佐川急便事件にかかわるなど経済界から政界にまで力を持つフィクサーとして知られていた。暴力団取材の第一人者である溝口敦によれば、バブル期の一九八九年には暴力団全体の年間収入は、一兆三千億円に及んだと推測されるそうだ（『暴力団』）。「経済ヤクザ」こそ暴力団のあるべき姿となったのだ。

しかし、こうした時代は長くはつづかなかった。一九九一年には、日本のバブル経済が崩壊。日本経済は地盤沈下を起こし、それまで高騰していた不動産価格や株価はみるみるうちに下落していった。これによって、暴力団の資金源となっていたシノギの多くが失われていくことになる。

さらに翌年には、国が暴力団の活動を大幅に規制するための法律「暴対法(正式名称「暴力団員による不当な行為の防止等に関する法律」)」を施行した。その第一章の第一条には、次のように法の目的が記されている。

「この法律は、暴力団員の行う暴力的要求行為等について必要な規制を行い、及び暴力団の対立抗争等による市民生活に対する危険を防止するために必要な措置を講ずるとともに、暴力団員の活動による被害の予防等に資するための民間の公益的団体の活動を促進する措置等を講ずることにより、市民生活の安全と平穏の確保を図り、もって国民の自由と権利を保護することを目的とする。」

文言通り、暴対法は、暴力団やその構成員の社会活動を縛りつけることを目的としていた。

国はまず特に悪質だと見なした組織を「指定暴力団」として定め、構成員たちがみかじめ料の要求、地上げや金融業にかかわることを禁じたばかりか、労働者派遣や公共工事の入札といった合法ビジネスからも排除した。これに違反すれば、その構成員だけでなく、場合によっては組織のトップの責任まで問われることになった。

さらに暴力団を窮地に追いやったのが、二〇〇四年以降に全国の都道府県で制定された「暴排条例（暴力団排除条例）」だった。企業や一般の人まで暴力団との接触が規制され、場合によっては違反者は「密接交際者」としてペナルティを課せられる。

これによって、暴力団は一般企業と付き合い、合法的なビジネスをすることができなくなった。構成員はホテルやゴルフ場を利用しただけで、身分を隠したとして詐欺罪に問われ、銀行口座の開設、民間企業の保険へ加入、車の購入も許されない。何せ、一般人に名刺を渡しただけで脅迫罪に問われるのだから、人権をはく奪されたと言っても過言ではない。

暴力団にとっては冬の時代、いや氷河期が到来したといえる。すでに名が知れ渡っている有力組織であれば、それまでに築いた力によって、地元の夜の街や関連企業からそれなりの利益を引き出すことができるだろう。町を支配していれば、黙っていてもそれなりの金が転がり込む。

だが、小さな組織や、新参の組織となると、暴対法や暴排条例の規制の中で一から暴力性を誇示して、金を吸い上げるシステムをつくることは不可能に等しい。そこで、彼らはより深く地下に潜り、ドラッグの密売、人身売買、窃盗、詐欺といった犯罪を主な産業にした。

こうした状況は、暴力団を取り巻く環境をますます悪化させた。これらのシノギはそこまで儲かるものではない上に、ドラッグを扱うことで自分たち自身が依存症に陥ったり、つまらない窃盗事件で何年もの懲役刑を受けることになったりする。今、刑務所で覚醒剤の後遺症でのたうち回っている者や、北海道でアワビやナマコの密漁で事故死している者は、そんな末端の構成員のなれの果ての姿だ。

国にしてみれば、現在の暴力団の衰退は、まさに望んでいた結果だろう。全国の構成員の数は右肩下がりで、バブル崩壊後の約三十年で構成員を三分の一にまで減らすのに成功した。数字だけ見れば、手放しで喜ぶべき成果だ。

ただし、忘れてはならないのは、暴力団の構成員にも家族がいるということだ。構成員を締め付ければ、その周りにいる家族をも苦しめる。実は、一つひとつの家庭に光を当てると、その皺寄せがもっとも弱い立場の子供にいっているのがわかる。

たとえば、親が覚醒剤の密売を生業にしていれば、子供たちは物心ついた時からその常用者に取り囲まれて生きていくことになる。中でも覚醒剤はセックスの快楽を膨らませる道具として利用されるのが一般的なので、両親ともに中毒になっている可能性が高い。そんな中で育つ子供への悪影響は甚大だ。

また、父親が事件を起こして実名や顔が大々的に報じられれば、近隣住民は白い眼を向けるようになる。子供は学校で差別されたり、マンションを追い出されたりし、転校や不登校を余儀なくされる。経済的にも、親が長期の懲役へ行けば、家庭は瞬く間に困窮する。

本来、国は法と条例を駆使して暴力団に圧力をかけるのならば、同時にその家の子供たちに目を向け、手を差し伸べる必要があるだろう。親はともかく、子供には何の責任もないのだから。

ところが、日本社会には、そうした視点がすっぽりと抜け落ちている。国は暴対法や暴排条例を定めても、その家の子供を救う対策を取っていない。メディアは暴力団を批判するニュースは流しても、その家の子供たちの暮らしを報じることはない。社会全体が、〝ヤクザ・チルドレン〟から目をそらしているのだ。

今回、暴力団構成員の子供たちに光を当てる意味は、そこにある。

本書で取り上げる子供の一人は、次のように述べていた。

「俺がインタビューを受けるのは、ヤクザの家庭で生まれ育つということが、どれだけつらいことなのかわかってもらうためです。暴力、ドラッグ、差別、貧困、離婚、社会のあらゆる問題が全部家の中につまっている。それなのに、子供は苦しいと声を上げることさえできず、自分が体験してきたことを隠して生きていかなければならないんです。大人になった後も、就職しようとする時、結婚しようとする時、子供ができた時、必ずそのことが高い壁となって立ちふさがることになる。

今日も、ここに来る前に、お袋に取材を受けることを話したんです。お袋は顔を真っ赤にして『恥をさらすだけだから止めなさい！』と怒っていました。〝極道の妻〟なんて、映画の中のおとぎ話みたいなもんです。自分の責任とは言え、ヤクザと結婚して家庭を持つなんて自殺行為みたいなものなんですよ。

もしヤクザの家で何が起きているかを言える人間がいるとすれば、子供だけじゃないでしょうか。子供は選んでそうしたわけじゃないから、語る権利くらいはある。そう思って話をするんです」

この言葉は、本書に出てくる十四人の子供たちの胸の内を代弁していると言っていいだろう。親のせいで道を踏み外し、今なお裏社会で生きている者でさえ、どこかで同じ思いを抱えているはずだ。

暴対法が施行されてから三十年、その中で生きてきた子供たちの言葉に耳を傾けてほしい。

目次

第五章　夢も希望もない

章

密売人の家

昔から、ドラッグの密売は、暴力団の主なシノギの一つだった。

日本でドラッグの氾濫が大きな社会問題になったのは、戦後間もなくの頃だ。旧日本軍が保有していたヒロポン（覚醒剤）が大量に流出したり、規制する法律がなかったことから企業が新たに生産したりして、市場に一気に出回ったのだ。

当時、ヒロポンを使用していたのは、主に戦争で心に傷を負った者や、職にあぶれて路頭に迷った者だといわれている。一九五〇年代には、覚醒剤の使用者の数は五十万人から百万人に増加し、大きな社会問題となった。

一九五一年、国はようやく対策に本腰を入れ、覚醒剤の取り扱いを禁じる「覚醒剤取締法」を施行した。これによって、企業がヒロポンを商品として生産販売することはなくなったが、代わりに暴力団が独占的にそれを行うことになる。ここから覚醒剤の密売は、暴力団の専売特許のようなものとなった。

山口組など複数の組織は、表向きこそ覚醒剤の取り扱いを禁じて、違反した者を厳しく処罰すると定めているが、実態は真逆だった。かなり有名な二次団体でも覚醒剤を主なシノギにしているところはあったし、末端の構成員からすれば覚醒剤の密売はすぐに現金を手にできる手軽なシノギだった。

一九八〇年の警察庁の発表では、全国の暴力団の総収入約一兆円のうち、四千六百億円ほどが覚醒剤によるものとされている。当時から、秘密裏にやっている分には、組織も黙認していたのだ。

それでも、冒頭で述べたように、一九九〇年代初頭までは、暴力団には不動産関係など数多の収入源があり、ドラッグの密売はその一つという位置づけだった。だが、景気が悪化し、暴対法や暴排条例による締め付けが厳しくなったことで、大勢の構成員たちがドラッグの密売に流れざるをえなくなり、暴力団の総収入の中でも、覚醒剤は六割、七割と多くを占めることになっていく。

こうした潮流の背景には、同時期にグローバル化が急速に進んだこともあっただろう。海外から多数の外国人が日本に入り込んで来たことで、これまでのようにアジア諸国からだけでなく、コロンビア、イラン、ナイジェリアなど世界各国から多種多様なドラッグが流入して来た。

現在の日本では、大麻、ヘロイン、LSD、コカインなどあらゆる種類のドラッグが取り引きされているが、もっとも大きな売り上げを占めるのは昔も今も覚醒剤である。「シャブ」「アイス」「スピード」「エス」などと呼ばれており、二〇二〇年度の警察庁の発表では、薬物で検挙された人間のうちの六〇・二%が覚醒剤であり、人数でいえば八千四百七十一人で、二位の大麻五千三十四人を大きく引き離している。

日本で覚醒剤の人気が高いのは、ヒロポンからつづく歴史的な経緯の他に、その効用が日本人の気質に合っているからという説がある。大麻やヘロインは「ダウナー系」と呼ばれて、いわば泥酔したように体の力が抜けて、朦朧とした意識の中で幻覚を見るものだ。

一方、覚醒剤は「アッパー系」と呼ばれて興奮作用があり、吸引や注射を通して体内に取り入れると、目が覚めて何か一つのことに集中するようになる効用がある。何時間も大きな快楽の中でセックスをつづけたり、ひたすら一つの作業に向き合ったりできるようになるので、「生真面目」な日本人には合致しているというのである。

暴力団の覚醒剤ビジネスを支えているのは、覚醒剤が持つ依存性の高さだ。大麻に比べて格段に強く、人によってはわずか一回の使用で止められなくなることもある。

使用者が依存症になれば、短期間やらなかっただけで極度の鬱状態に陥ったり、皮膚の中を何千匹の虫が這うような妄想に襲われたりする。誰かに命を狙われているような強迫観念に囚われ、傷害、殺人、自殺といった行為に及ぶ者もいる。こうなると、本人が覚醒剤を止めたくても、自分の意志では止められない。

密売人の中には、最初は無料で覚醒剤を提供してどんどん遊ばせ、依存症になってから高額な料金を要求する者も少なくない。一度依存症になれば、本人が警察に捕まるか、死ぬまでやらざるをえなくなるのを知っているからだ。

暴力団がドラッグで利益を得る方法は、使用者に対する密売だけに限らない。海外で買い付けたものを空路や海路で密輸することを生業としている者もいれば、何キロ、何十キロの単位で入手して別の組織や売人に卸す「元締め」もいる。大麻であれば、生産者としてマンションや山林で栽培する者もいる。

ここで覚醒剤の密売のプロセスを紹介したい。

覚醒剤は、日本では入手困難な科学物質を合成して製造されるため、海外から買い付けるのが一般的だ。中国やイランのシンジケートが製造したり、北朝鮮のような国が外貨取得のために製造したりする。最近ではイラクやシリアのテロ組織「ＩＳ（イスラム国）」が軍資金を集めるために製造していたともいわれている。

海外で製造された覚醒剤は、その国のシンジケートによって、世界でも覚醒剤需要の大きいアジア各国に運び込まれ、取り引きされる。暴力団はそれらを買い付けて日本へ密輸するか、シンジケートが運び込んだものを購入する。この時点では数億円単位で取り引きされることが多いので、相応の資金力のある人間でなければできない。

日本に入って来た覚醒剤は、様々な組織や密売グループのもとへ卸されることになる。この時点では、数百万円から数千万円での取り引きとなる。彼らはそれを袋づめの小分けにして、末端の密売人に密売させるか、自分たちで売るかする。時価や品質によって違いはあるものの、通常は「パケ（パケット＝小包の略）」一つに〇・二～〇・四グラム入れられ、価格は一万～五万円。一パケあたり、二回～十回くらいの使用量だ。

言うまでもなく、密輸、元締め、末端の売人では手にする利益は大きく異なる。暴力団のシノギは、組織ぐるみで行われるというより、構成員が自らの力量と判断で行うのが普通だ。どの仕事を、誰と組んで、どれくらいの規模で行うかは、その人間の裏社会での実力次第なのである。

大物であれば、人脈や資金力があるので、一度に何億、何十億という単位の密輸を手がけて大金を稼ぐことができる。ただ、暴力団全体で見れば、そんなことができるのはごく一握りで、大半は大物の手足となってリスクの高い仕事をさせられるか、末端の売人をすることになる。数の上では、後者の方が圧倒的に多い。

業界用語で、覚醒剤の密売を行う組織や構成員は、「薬局」と呼ばれている。彼らのうち、プロとしての意識を持って密売をしているものはほとんどいない。

裏社会における覚醒剤汚染は甚大で、十代で道を外れた不良なら、一度は体験しているといって過言ではない。その中でも暴力団の構成員となって密売に手を染めるような者は大抵、盃を受ける時点で重度の依存症に陥っている。覚醒剤を生活手段にしていきたいがために密売をするのであり、そこに割り切ったビジネス感覚など存在しない。

彼らが覚醒剤を打つのは、セックスの快楽を増幅させるためであり、依存症の女性を見つければ無料あるいは格安で覚醒剤を提供する代わりに性行為を求めるし、経験のない女性には無理やり覚え込ませようとする。そんなふうに幻覚が生み出す愛欲にまみれた男女が避妊に気を配るわけもなく、無計画に子供がつくられていく。

愛媛県松山市に暮らす覚醒剤中毒の女性は、出産した時のことを次のように述べる。

「妊娠していた時期は四六時中（覚醒剤が）キマっていて、そうじゃない時間がなかったくらいですね。二十四時間ずっとやっているような状態だった。頭がおかしくなっていて、自分が妊娠していることにも気づかなかったんです。それである日、お腹がおかしいなと思ってトイレで気張っていたら、いきなり赤ちゃんが出て来たんです」

妊娠によるお腹の膨らみどころか、陣痛にさえ気づかないなんてあまりに異常だが、覚醒剤の怖さを物語るエピソードとも言える。その後、彼女は懲役五年の刑を下され、生まれた子供は実家に預けられた。

第一章で紹介するのは、このように覚醒剤が蔓延する暴力団の家庭で生まれ育った子供たちについてである。

現在の日本でドラッグの市場は数兆円規模に上っており、使用した経験のある人は二百十万人（十五歳〜六十四歳）に上るとされている。ここに登場するのは、その巨大な闇ビジネスを支えている暴力団の家庭の内部である。

1 父も母も夫も全員売人

河野晴子の人生は、常に覚醒剤によって翻弄されてきた。父親、母親、夫、周りにいる全員が覚醒剤によって生活を狂わされ、晴子自身の人生も破綻した。

一九八五年、晴子は神奈川県横浜市で生まれた。母親にとっては三番目の子供だったが、上の姉と兄は父親が違った。母親は最初の夫の間に姉兄をもうけ、二番目の夫である河野竜司との間に晴子を産んだのだ。

この再婚相手の竜司が、関西に本拠地を構える指定暴力団V組の構成員だった。九州で生まれ育った竜司は、中学卒業後に大阪に出て、V組の傘下組織の親分の盃を受けて暴力団の世界に足を踏み入れた。やがてこの傘下組織が関東に進出することになり、竜司も親分について行った。

横浜市内に組事務所が置かれたことで、竜司は近所にあるクラブへ通いだした。そこでホステスとして働いていたのが、晴子の母親である友理だった。長女と長兄を前夫に引き取らせ、彼女は自由を謳歌していたのだ。彼女は竜司が暴力団構成員だと知っていたが、豪奢なところにほれて結婚。そうして生まれたのが晴子だった。

結婚生活は三年ほどで壊れた。後で聞いた話では、新婚と同時に竜司の家庭内暴力がはじまったそうだ。家には一円も金を入れず、毎晩のように泥酔して帰って来ては、理由もなく家族に対して殴る蹴るの暴行を加える。暴力は幼い晴子にまで及んだ。

晴子が三歳の年、母親の友理は晴子を抱いて家から逃げ出し、東京の大田区のアパートに移り住んだ。竜司と縁を切って、一から人生を再スタートさせたのだ。昼は保険の外交員として働き、夜はスナックのホステスをやって生計を立てた。

大田区のアパートでの生活は、晴子にとって決して良い思い出ではなかった。彼女は語る。

「うちの母さんは、目先の欲望しか考えないような、すげえ尻の軽い女なんです。昼の仕事でも、夜の仕事でも、男と出会えばすぐに飲みに行って体の関係になる。外でやってるならまだしも、しょっちゅうアパートに連れ込んで来るんですよ。

私の子供の頃の記憶って、朝になって起きたら、見ず知らずの男が全裸で寝ているってもの。しかも、毎回相手の男が違うんだよね。母さんも普通に『あ、おはよう』なんて言ってくる。娘の気持ちなんて何にも考えてなかった。

きっとヤクザの父と結婚した時もそんな感じだったと思います。店で知り合って、あっという間に体の関係になって、そのまま妊娠したか、同棲したかで生まれたのが私。それで、うまくいかなかったから逃げ出して、また同じように男を貪り食ってたんでしょう」

晴子が友理をここまで悪く言う背景には、さんざん振り回されてきたという被害感情がある。友理は非常に情緒が不安定で、感情のコントロールをすることができなかったそうだ。

たとえば、何か気に入らないことがあれば、顔を真っ赤にして怒りだし、その理由も説明せずに、晴子に対して手を上げる。殴られたり、物を投げつけられたりするのはいい方で、物をつかって流血するまで痛めつけられることもあった。晴子からすれば、いつ激昂《げきこう》するかもしれない母親との同居生活は、猛獣と暮らしているような思いだっただろう。

また、経済的にも生活が成り立たないと感じるほどに貧しかった。アパートには風呂がついていないのに、友理は遊んでばかりで娘を銭湯に連れて行こうともしない。そのため、部屋の台所で体を拭くことしかできず、皮膚の病気に悩まされた。服もボロボロでサイズの合わないものが二、三着あるだけで、学校では常に恥ずかしい思いをしていた。誕生日やクリスマスの御祝いもなかったので、小学二〜三年生になるまでケーキを見たことさえなかったという。

小学二年の時、そんな友理が三度目の結婚をする。相手は、同じく夜の店で知り合ったトラック運転手だった。朝起きたら何度か布団で寝ていたことがあったので顔は知っていたが、ある日突然母親から「新しいパパになる」と言われたのだ。驚きより、これで他の男性が来なくて済むという安堵の方が大きかった。

だが、三度目の結婚生活も、ひどくみじめなものだった。新しい夫は結婚して間もなく、運転手の仕事を失う。新しい仕事を探すことなく飲み歩くので、借金だけがどんどん膨らんでいき、気がついた時には、アパートに借金取りが押しかけて来るようになった。

「ドアを開けろ！　借金返さねえと殺すぞ！」

毎日のようにドアの前では、借金取りのいかつい怒声が響く。両親は居留守をつかっているので、晴子がドア越しに「お父さんとお母さんは仕事に行ってます」と嘘をつかなければならなかった。

それでも、新しい夫は生活態度を改めようとせず、どこからか金を借りて来ては昼間から飲み歩く。酒癖も悪く、千鳥足でアパートに帰っては、家族に悪態をつく日々だった。

晴子は言う。

「毎晩、目の前で見せつけられる夫婦喧嘩が本当に嫌だった。二人ともバカみたいに叫んだり、殴り合ったりするんだけど、小さな私は泣くしかないじゃん。そしたら、今度は『うるせえ』って私まで殴られるんだから。

再婚によってますます貧乏になっていったな。母さん一人の時は単に貧乏ってだけで済んだけど、再婚してからは借金取りが来るようになったから恐怖まで加わった。いつ何時来るかわからないから、常に怯えていた感じでした。

あと、空腹がつらかった。家でご飯をつくってもらえないので、給食でお腹を満たすしかなかったんだけど、母さん、給食費を払ってくれなかったんです。ある日、担任の先生にクラスのみんなの前で立たされて、『おまえは給食費を払ってないから、給食を食べる資格はないぞ』って言われた。それからかな、同級生から『ボンビー』『臭い』って言われだして、いじめが本格的にはじまったのは。それでだんだんと学校へ行かなくなった」

家では借金取りと夫婦喧嘩に翻弄《ほんろう》され、学校ではいじめに遭う。そんな彼女が、朝から晩まで街を行くあてもなく徘徊《はいかい》するようになったのは必然だった。

だが、小学生が無防備でフラフラとしていれば、悪い大人に目を付けられることもある。そのせいで、彼女は十歳までに二度にわたって性犯罪に巻き込まれた。

　最初は、道を歩いていた時、見ず知らずの男が近寄って来た。男は親しげに言った。

「僕は、この近くの学校で先生をしているんだ。今、あるお家を捜している。この辺に詳しくないから一緒に来て道を教えてくれないかな」

　晴子は先生と聞いたことで従うしかないと思い、後をついて行ったところ、ひっそりとしたアパートの階段の陰に連れて行かれた。男は晴子の肩をつかみ、「ちょっと脱ごうね」と言って無理やり下着を脱がした。男は恐怖で動けなくなっている晴子の股間に顔をうずめ、性器をなめはじめた。

　途中、人が近づいて来る音がしたので、男は慌てて晴子の手を引いて、アパートの裏側へと連れて行った。怯え切っている晴子の頭には助けを求めるという考えが浮かぶことはなかった。男はそれをいいことに、アパートの裏で好きなだけ彼女の体を弄《もてあそ》んだそうだ。

　二度目は、従妹と一緒にいた時のことだ。ある日の夕方、マンションのエレベーターの前で遊んでいたところ、男が声をかけてきた。彼は晴子と従妹に言った。

「俺、ちょっと前に彼女と別れたんだ。その子に手紙を書きたいから一緒に内容を考えてくれないかな。女の子の力が必要なんだよ」

　意味がわからずにきょとんとしていると、男は晴子たちの手を引いて近くの物陰へ連れて行った。そしていきなり懐からナイフを出し、「声を出すな」と言った。晴子も従妹も恐怖で凍りついた。男はナイフを持ったまま、片手でズボンを下ろし、晴子に「口でやれ」と命じた。晴子は抵抗することもできずに強要された上、性器に指を入れられて激しくかき回された。その痛みは何日もつづいたという。

二度にわたるレイプ経験は、小学生だった晴子の心に大きな傷跡を残した。彼女は自分の体が汚れたと考え、どこかで同級生と一線を引くようになった。自分みたいな汚い人間は、普通の人生を送ることなんてできないし、それを願ってもいけないんだ、と。

そんな鬱々とした日々の中で、晴子の心を支えたのが地元にいた男の先輩の存在だった。小学六年の頃、母親の友理は保険の外交員を辞めて、知人が経営するクレープ屋でアルバイトをしていた。店にはオーナーの息子である二十一歳の男がよく出入りしていた。不良風の外見で、改造車でのドリフト走行を趣味にしていた。晴子は店で何度か顔を合わせているうちに好きになり、毎日のように会いに行くようになった。

晴子の言葉である。

「その男の人は唯一私に良くしてくれたんだ。当時はすごく大人に見えてカッコ良くて、世の中の人はみんな私の敵だけど、この人だけは味方なんだって思っていた。私にとってすべてだったの。それで恋焦がれているうちに、彼に抱かれたいって思いはじめて、部屋に行って自分からベッドで触り合いをした。小六の時だから、我ながらすげえませていたよね。自分の意志でセックスをしたのは、その時が初めてでした」

母親の男性遍歴やレイプ経験によって、性的に早熟になっていたのかもしれない。彼に抱かれている間は幸せを感じられた。

晴子はこの男性の影響を受け、だんだんと不良の世界に憧れを抱くようになっていくのである。

実父との再会

地元の公立中学へ進学した後も、晴子はほとんど学校へは登校しなかった。行動範囲が広がって、万引きや夜遊びをするようになっていたが、それは空腹を満たしたり、寂しさを紛らわしたりするための手段だった。

そんな生活が急変するのは、中学一年の夏だった。ある日突然、アパートから母親の友理がいなくなったのである。すでに三番目の夫とは別れていたから、別の男のもとへ行ったとしか考えられなかった。

　数日後、友理から連絡があった。彼女は晴子に言った。

「今、母さんは横浜の河野竜司のところにいるの」

　竜司はV組の構成員であり､晴子の実父だ。なぜ九年前に別れた元夫の家にいるのか。友理は答えた。

「ヨリをもどすことにしたんだよ。晴子にしたってお父さんの竜司といる方がいいでしょ。こっちに来て暮らそうよ」

　友理はこれまでも竜司と度々会っており、約十年ぶりに復縁したらしかった。

　晴子は竜司が暴力団に属しているのを知っていたが、離婚が三歳の時だったため、人間性まではわからなかった。晴子は仕方なく友理とともに竜司の家に引っ越すことにした。

　横浜の竜司の家は、大きく立派なものだった。当時、竜司はV組の三次団体にあたる組織を自ら率いており、地元ではそれなりに名の知れた立場になっていた。家には部屋住みの若い子分が三、四人同居して、掃除、雑用、それにボディガードを務めていた。

　竜司は晴子に言った。

「東京の学校じゃ、いじめられて不登校になっていたんだってな。でも、こっちに来たからには、絶対に人に舐められるなよ。俺の娘がいじめられているなんてことが知られたら、組のメンツにもかかわるからな」

　襲われたら相手の手を狙って切れ、と言われて携帯用ナイフを渡された。理由を訊くと、「手なら殺さずに済む上に一発で相手が戦闘不可能になるから」と説明され、晴子は、これが暴力団か、と身震いした。

　横浜の中学に転校したばかりの頃、晴子は携帯用ナイフを机の奥に封印し、心を入れ替えて勉強や部活動をがんばろうと考えた。誰も東京にいた頃の自分を知らないので、すべてを一からやり直せるはずだと期待していた。転校してすぐソフトボール部に入部することも決めた。

　だが、同級生たちは、見ず知らずの転校生にやさしくなかった。おそらく晴子の方もこれまでの荒んだ生活の影響から言動に何かしら影のようなものがあったのだろう。同級生たちは晴子を友達の輪には入れず、陰口を叩いたり、いやがらせをしたりした。晴子は「またか」という気持ちになり、だんだんと学校から足が遠のくようになる。

　時を前後して、家庭でも問題が起こっていた。横浜に引っ越して以来、日に日に母親の友理の言動に異常が表れだし、やがて何を言っているのかわからなくなるほどの状態になったのだ。一日中部屋に閉じこもって顔を見せないこともあり、数日ぶりに会うと別人のように痩せこけている。突如、発狂したように髪を振り乱して叫んで暴れることもあった。

最初、晴子は友理が病気なのだろうと思っていたが、部屋に転がっている注射器を見つけて覚醒剤を使用していることを知る。実は、父親の竜司は横浜では覚醒剤の元締めとして有名な人物で、キロ単位で扱っていた。

竜司は自分でも覚醒剤をセックスの際に使用しており、妻に注射を打っては愛欲に溺れていた。友理はそんなふうに毎日覚醒剤を使用しているうちに、抜け出せなくなったのだろう。

晴子の言葉である。

「父さんも母さんも、完全なジャンキーだったね。極力私の前ではやらないようにしていたけど、途中からは隠すこともできなくなった。朝から二人して部屋に閉じこもって注射を打っては何時間もセックスするの。偶然私がドアを開けて見ちゃったこともあった。そしたら、お父さんから五千円わたされて『これで外で遊んでろ』って言われて追い出された。

私の中で衝撃的だったのが、学校から帰ったら、母さんが廊下で失禁して倒れてたことですね。メッチャ打ったんだと思う。父さんに『ママやばいよ、死んじゃうかも』って泣きついたのに、『放っておけ』って突き放された。病院へ連れて行ったら、自分まで捕まっちゃうと思ってたんじゃないかな。自分の嫁なのに、結局はその程度にしか思ってないんですよ」

彼女の目の前に現れたのは、ドラッグを生業とする暴力団のもっとも汚く愚かな姿だった。

竜司も自分自身をコントロールできなくなっており、日夜、強迫観念や幻覚に悩まされていた。突然、部屋から飛び出して来て、「この野郎、死ね！」と叫んで晴子に殴りかかったり、怯え切った顔で天井を指差して「晴子！　クジラが見える！　クジラだ！」と逃げ惑ったりする。ある時は、かつて自殺した昔の恋人が襲って来たと言ってガタガタと震えだしたこともあった。

晴子の言葉である。

「学校ではいじめで居心地が悪くなっていたし、家の中はクスリで無茶苦茶だったから、引っ越して半年も経たないうちに何もかも嫌になっちゃった。横浜に来れば、何かが変わると期待していたのに、もっと悪くなっただけだった。自分の人生にまったく希望が見いだせなかった」

そんな晴子に歩み寄って来たのが、女子の先輩の不良グループだった。彼女たちは晴子の中に自分たちと似た匂いを感じ取ったのかもしれない。街頭でたむろしようと誘ったり、レディース（女子暴走族）の集会に連れて行ったりした。

晴子は孤独を紛らわすように、そんな先輩たちとの夜遊びに夢中になった。だがある日、予想もしていなかったことを知らされる。女子の不良は中学で名を売った後に、地元のレディースに加入するのが定番のコースだったが、晴子は父親が暴力団に属していることから加入できないと言われたのだ。レディースは上下関係が厳しいため、暴力団の親族をメンバーに加えれば秩序が乱れるというのが理由だった。

彼女はそれを知ってから、だんだんとレディースの先輩たちと距離を置くようになり、今度は男子の先輩不良グループと付き合うようになる。このグループは二十歳の男性がリーダー格で、後輩たちにパーティー券を売りつけ、その金で毎晩のようにシンナー遊びをくり返していた。

シンナーは「C瓶（オロナミンCの瓶）」と呼ばれる容器に入れられ、一本二千五百円〜三千円で取り引きされていた。毎日これを何本か買って、中学の体育館に忍び込み、男女十数人で吸引をはじめる。酩酊してくると、そのままマットの上で入り乱れてセックスをするのが常だった。

晴子は言う。

「私は親が完璧なジャンキーだったから、絶対にシャブは嫌だって思ってたの。だから、シンナーの方にいったのかな。シンナーならシャブよりはいいだろうって。今考えれば間違ってるんだけど、その時の私はシンナーなら絶対に安全だって信じ込んでいた。常識が狂ってたよね」

中学二年になると、友理と竜司は、晴子が邪魔になりアパートで独り暮らしをさせる。晴子は寂しさゆえに不良の先輩たちを呼び込むので、アパートはたまり場になり、シンナー遊びはエスカレートしていった。

ある日、友理は実家に帰って来た晴子に言った。

「晴子、あんたアンパン（シンナー）やってるだろ」

常用していたせいで、全身からシンナー臭が漂っていたのだ。友理はつづけた。

「アンパンにハマって無駄遣いするくらいなら自分で売って金儲けしなよ。（密売のための）ルートくらいあんだろ。私が手に入れてやっから、それを売れよ」

この頃、長男（晴子の異父兄）は自立して建設現場で働いていた。友理はその長男に連絡し、会社で厳重に管理しているシンナーを缶ごと盗んでこさせた。そしてそれをオロナミンＣの瓶に詰め替え、晴子に売らせたのである。

友理が竜司のシノギを見ていて思いついたのか、竜司が裏で操っていたのかはわからない。だがこれ以降、家族は協力してシンナーを売りさばくようになった。

中学卒業後、晴子は高校へは進学せず、地元のスナックでホステスとして働きはじめた。周りの友達はみな中卒か、高校中退だったし、中学二年から一人暮らしをしていたため、少しでも早く働いて自立したいという気持ちが大きかった。

たまに実家に帰ったが、その度に両親の仲が次第に悪くなっているのを感じていた。もともと二人は覚醒剤でつながっていただけで、そこまでの愛情だとか、思いやりがあったわけではなかった。

竜司の方は自分で組織を率いていたことから、日頃はどっぷりと覚醒剤にはまっていても、重要な会合に出席する際は使用を止めるなど最低限の理性は保っていた。一方、友理の方は社会とのつながりが一切ない分、四六時中覚醒剤に溺れていた。部屋住みの者たちから「姐《あね》さん」と敬われて有頂天になり、彼らをこきつかったり、組織の金でブランド品を買い漁ったりした。

晴子は言う。

「母さんの方がかなりいっちゃってましたね。クスリって酒癖の悪さと同じで、やればやるほど人に絡んだり、暴力的になったりするんですが、母さんはまさにそんなタイプでした。自分がすげえ偉い人間になったのだと勘違いして、組員をパシリみたいにつかって、言うことを聞かないと怒鳴り散らす。父さんはそんな母さんを嫌になっていったみたい。そりゃそうですよね、あんなふうに振舞っていれば、子分から『親分はなんてイカれた女と一緒にいるんだ』ってバカにされるじゃないですか。父さんからすれば、それは耐えられなかったはず。それで仲が悪くなっていったんだと思います」

竜司には、V組三次団体の親分という、それなりの立場がある。それを壊す言動をする妻を、疎《うと》ましく思うのは当然だ。

ある日、竜司は晴子に言った。

「俺は、おまえの母さんのことが心底嫌になった。俺は家から出て行くから、後はおまえらで勝手にしろ」

竜司は、いつの間にか他所につくっていた別の愛人の家へ移って行った。妻子に家を与えたのは、自分が友理に覚醒剤を覚えさせ、廃人にしてしまった後ろめたさがあったからかもしれない。

だが、友理にはそれを理性的に考える力がなかった。頭に血を上らせると、竜司の子分たちをかき集め、二人の居場所を探し当て、愛人の女性に嫌がらせをするように命じた。女としてのプライドがそうさせたのだろう。

竜司はこれに激怒した。せっかく情けをかけたのに、恩を仇で返されたと思ったのだ。竜司は言った。

「ふざけた真似しやがって、殺すぞ。今すぐに家から出ていけ。でなければ、てめえや晴子の命《たま》奪ってやる！」

怒りをむき出しにした竜司は、獰猛な別人だった。友理に要求を拒まれると、子分を送り込んで来た。子分たちは家を取り囲み、壁を殴りつけ、窓ガラスを割り、怒声を上げて出て行けと命じた。

それでも正気をなくしていた友理は、なおも高飛車な態度で反抗し、竜司の愛人の悪口を言いつづけた。どこかに自分は殺されないという気持ちがあったのだろう。竜司の新しい愛人が、見るに見かねて晴子に連絡をしてきた。彼女は忠告した。

「竜司さんは、このままだとあんたらを本気で殺すよ。そうなったら、誰もが不幸になるんだ。娘のあんたが、母さんを何とかしな。今が最後のチャンスだよ」

愛人にしても、竜司を殺人犯にしたくなかったのだろう。

晴子は、暴力団の殺意を目の当たりにし、恐怖でパニックになった。もはや血のつながった父親ではなく、殺人鬼のように思えた。

このままだと殺されるのは時間の問題だ。晴子はなんとか母親を説得しようと試みたが、覚醒剤でおかしくなっていて会話が成立しない。そうこうしている間にも、竜司が子分を引き連れて自分たちを殺しにやって来る時が刻一刻と近づいて来る。晴子はどうしていいかわからなくなり、思わず自分の手首を切って自殺を図った。幸いにも、傷が浅く、一命を取り留めた。

晴子は言う。

「このあたりじゃ、父さんに睨まれたら生きていけないというのは常識だったから、私は完全にパニクっちゃったんだ。怖いし、どうしようもないし、もう死ぬしかないみたいな思いになった。

運が良かったのは、母さんは父さんに殺される前に警察に捕まったこと。ある日、家に警察が押しかけて来て、覚醒剤で現行犯逮捕したの。後で知ったんだけど、愛人の女が父さんを殺人犯にさせまいとして通報したみたい。それくらいギリギリのところまで来ていたってことなんだろうね」

この逮捕によって、友理は刑務所に収監されることになった。だが、覚醒剤によって彼女は身も心もボロボロになっていた。後に、友理は薬物の後遺症によって脳梗塞で死亡することになる。

地獄の同棲生活

友理が逮捕された後、晴子は自傷の傷も癒えぬまま、逃げるように横浜を離れた。竜司の息のかかるところにいては身に危険が及ぶと考えたのだ。

晴子がたどり着いたのは新宿の歌舞伎町だった。〝眠らない街〟と呼ばれる歌舞伎町ならば、十六歳の自分でも受け入れてもらえるのではないかと思ったのだ。夜の店を一軒一軒回って、ようやく見つけたのがラウンジ「N」だった。店のママがすべての事情をくみ取り、寮のマンションに住まわせながら働かせてくれることになった。

店から徒歩圏内に寮はあった。そこで明け方から午後まで過ごし、夕方にはコンビニで買ったパンを食べてから店に出勤。店に用意してもらったドレスに着替えて化粧をすれば、顔の幼さはかき消された。店では「二十歳」と偽っていたが、身長が高かったこともあり、疑われることはなかった。

客からはだいぶかわいがってもらったが、土地から暴力団構成員が客としてやって来ることも少なくなかった。その一人に、志賀勝巳という三十一歳の男がいた。東京を拠点とするB会の構成員だ。B会は指定暴力団ではないが、半世紀以上の歴史を持ち、全国的にも名の知れた組織だ。

勝巳は毎晩のように店にやって来て、新人ホステスの晴子を口説こうとした。ママが「この子は止めてあげて」と注意しても、隙を見ては声をかけて来る。晴子はかわし方がわからず、アフターに連れ出された。

ある日、勝巳が晴子に言った。

「おまえ、店の寮に住んでんだろ」

「はい」

「寮の場所知っているぜ。今夜、遊びに行くよ。待ってろよ」

寮の場所は客には秘密にしていたが、ひそかに調べ上げられていたのだ。断ることもできず、晴子は「うん」と答えざるをえなかった。その夜、寮にやって来た勝巳は有無も言わさずに晴子を抱いた。

翌日から、勝巳は晴子のマンションに居座るようになった。晴子に気があったわけではなかったものの、帰ってくれとは言えず、ずるずると男女の関係がつづいた。心のどこかでは暴力団の恋人がいれば、身を守ってもらえるだろうという気持ちもあった。

だが、勝巳は歌舞伎町では覚醒剤中毒の売人として数々のトラブルを起こし、同業者からも疎まれる立場だった。そのため、シノギもうまくいかなくなっており、ヒモとして生きていくために晴子に目を付けたのだ。

マンションに転がり込んだ日から、勝巳は覚醒剤の使用を隠そうとせず、目の前で注射を打ってはセックスを求めた。一度はじめると、四時間も五時間も覚醒剤の効力が薄れるまでセックスをしつづける。

厄介だったのは、効力が切れた後だ。覚醒剤は中枢を刺激して多幸感を生み出す一方、切れると反動で気持ちを激しく落ち込ませる。勝巳は毎回、あらゆることに疑心暗鬼になり、被害妄想が膨らみ、パニックになった。そしてそれは決まって晴子への嫉妬となって爆発した。

たとえばある日、勝巳が友人を連れて帰って来たので、晴子が出迎えて挨拶をした。すると、勝巳が大声で怒鳴りつけた。

「おめえ、なに俺のダチに色目つかってんだよ!」

晴子が友人を誘惑したという妄想に駆られたのだ。

勝巳はその場で晴子の胸ぐらをつかみ、顔面を殴りつけた。止めに入る友人を振り払って、何度も何度も拳を下ろす。頭に血がのぼってわけがわからなくなっていたのだ。しまいに彼はナイフを晴子の顔につきつけて言った。

「次に同じことしてみろ。おめえの顔面を切り裂くからな！」

晴子は血だらけのまま泣いて謝るしかなかった。

こうした生活の中で、勝巳は晴子を暴力で支配し、日々の行動に細かなルールを定めて奴隷同然の扱いをするようになった。たとえば、「朝五時に起きてトイレ掃除」「俺がテーブルについたらおしぼりを出す」「煙草をくわえたらライターで火をつける」などと規則を掲げ、一つでも破れば「しつけ」と称して激しい暴行を加えた。また、仕事以外の外出を制限し、買い物へ行く時は店の名前や滞在時間を事前に報告させ、お釣りを一円までチェックした。

晴子は勝巳のことが恐ろしくてたまらなかったが、逃げる場所はどこにもなかった。支援機関があることなど知らなかったし、頼ったところで助けてもらえるわけがないと思っていた。何より、何カ月も連日にわたってビール瓶で殴られたり、意識が飛ぶほど腹を殴られたりしているうちに、逃れる気力さえ失っていた。

唯一、この状況に気がついて動いてくれたのが、Nのママだった。ママは勝巳を呼び、「手切れ金を二百万円払うから別れてやりなさい」と言った。だが、勝巳はそれを聞いた途端に怒り狂って暴れ、店内のボトルというボトルを叩き割った。それ以来、ママも怯えて口出ししなくなった。

同棲をはじめて一年後、晴子は勝巳の子供を妊娠する。それを知った時のことを晴子は次のように話す。

「毎日がボロボロで、私はいつ勝巳に殺されてもおかしくないと思ってました。好きとか、嫌いとかいう気持ちなんてなく、ただ怖いだけ。それでも同棲をつづけていたのは、勝巳も私も他に行く場所がなかったから。

妊娠を知っても、産む気なんてぜんぜんなかった。でも、勝巳が急に『俺の子を産んでくれよ』って言ってきたんです。彼はそれまで三人の女性と結婚していたけど、みんなに中絶させていた。それなのに、私にだけは産めって言ってくれた。それがすごくうれしかったし、出産しようって決意になった。

ただ、絶対に勝巳はいつか私の前からいなくなることはわかってた。だから『籍は入れないよ。でも、赤ちゃんは産んであげる』って答えたんです」

暴力によって支配される生活の中で、被害者が加害者に依存するような関係になることをストックホルム症候群という。晴子もまたそれに近い状態になっていたのかもしれない。

こうして、晴子は十八歳になって間もなく出産した。生まれたのは、かわいらしい女の子だった。

産後も晴子は夜の店で生活費を稼ぎながら、二十三歳で次女、二十五歳で三女を出産した。

その間、勝巳が生活費を入れたことはまったくといっていいほどなく、日常の細かなルールや家庭内暴力もつづいていた。晴子は娘たちを育てたい一心でそれに耐えた。一般の家庭を知らないので、子供たちの成育環境について考えたことはなかった。ただ、ラウンジで働いて手に入れた金で、娘たちのお腹を満たし、一枚の布団の上で身を寄せ合って寝られることが幸せだった。

はじめての思いやり

二〇一一年、二人はともに暮らしはじめてから十年目を迎えた。晴子は二十六歳、娘たちは上から順に八歳、三歳、一歳になっていた。

ある日、晴子が家で娘たちと過ごしていたところ、携帯電話が鳴った。勝巳からだった。彼は狼狽した声で言った。

「ちくしょう、令状（逮捕状）が出された！　もう逃げるしかねえから、金をかき集めてくれ！」

この頃、勝巳は覚醒剤の密売の他に、知人とともに歌舞伎町で裏ビデオショップを経営して、無修正の違法ＤＶＤを販売していた。警察がそれを突き止め、指名手配したのだ。

「うちにも警察が来るの？」

「来るはずだから、ＤＶＤだけじゃなくクスリも隠しておけ！」

違法ＤＶＤから覚醒剤まで芋づるで見つかることを恐れていたのだろう。

晴子は逃亡資金を集めろと言われても貯金はなかったし、警察が踏み込んで来た時にどう対応していいかわからなかった。頭に浮かんだのは、横浜に暮らす父親の竜司だった。この状況で頼れるのは彼しかいない。

彼女は意を決して竜司に連絡した。この状況を乗り切れれば何でもいいと思っていた。これまでの経緯を説明し、自分と勝巳のために力を貸してほしいと頼んだ。

竜司は黙って話を聞いてから言った。

「おまえには父親として何もしてやれなかった。それくらいのことはしてやる」

竜司はＶ組であり、勝巳はＢ会だ。助ける義理などなかったが、母親を死に追いやり、娘の人生を壊してしまったことに対する罪の意識があったのだろう。

竜司の動きは早かった。彼は自分の手のかかっている会社を紹介し、勝巳をそこでかくまうことにした。偽名をつかっておとなしく働いていれば、警察に居場所を突き止められることはない。晴子は竜司の協力に心から感謝した。

だが、覚醒剤で精神を病んでいた勝巳には、息をひそめて静かに生きていこうという殊勝な気持ちはなかった。ある日、勝巳は会社の金を盗み、地元で知り合った女性を連れて、夜逃げした。

竜司は恩をあだで返され激怒した。竜司の力をもってすれば、子分に命じて勝巳を見つけ出し、殺害することなど造作なかっただろう。だが、それをすれば勝巳の属するB会との抗争に発展する危険があったし、三人の孫の父親を奪うことになる。

彼は煮えたぎる怒りを抑えて言った。

「晴子、俺があいつを殺さない代わりに、もう別れろ」

「………」

「縁を切れ。二度と会うな。わかったな」

晴子は、その言葉を父が発した娘への初めての思いやりだと受け取った。

この一件によって、晴子は十年間一緒に過ごした勝巳と別れることになった。それまでの家庭内暴力など考えれば、歓迎すべきことだ。

だが、晴子は勝巳を失って間もなく鬱病を発症した。それまでのゆがんだ生活の中でずっと張り詰めていた気持ちが緩み、心のバランスが崩れたのだ。何日も眠れない日々がつづき、娘の顔を見ただけで理由もなく涙がぼろぼろとこぼれ、仕事どころか買い物に出かけることさえできなくなった。頭の中は、死にたいという感情で一杯だった。

そんな晴子に手を差し伸べたのが、区の保健師だった。保健所から晴子は高リスクの要支援家庭と見なされ、度々家庭訪問を受けていた。担当の保健師が、晴子の変化を見抜き、支援を申し出たのだ。

晴子は勝巳と切れたことと、生活が限界に達していたことにより、初めてそれを受け入れる気になった。保健師は、自力で生活していくのは困難だと判断し、母子生活支援施設への転居を勧めた。

母子生活支援施設とは、家庭内暴力から逃げ出して来た母親と子供が一時的に支援を受けて暮らす施設だ。ここで生活保護を受け、鬱病を快復させた上で、職員に手伝ってもらいながら社会復帰への道筋をつけることにしたのだ。

現在、晴子は母子生活支援施設を出て、都内の公営団地で生活保護を受けて暮らしている。年頃の娘を三人育てるのは大変だが、内緒で週に半分ほどキャバクラで働いているので気分転換もできているという。

これまでの人生を振り返り、晴子は暴力団の家庭に生まれ、暴力団の内縁の夫を持ったことをどう思っているのか。彼女の言葉である。

「ヤクザって表向きはいい格好をするじゃないですか。ブランドものを身に着けて、粋がって見せて、でかいことばかり言う。でも、家ではまったくそんなことないんですよ。父さんにしても、勝巳にしても、クスリ、セックス、DVの毎日。今のヤクザって、そういうところでしか威張ったり、発散したりすることしかできないんじゃないかな。ヤクザの子供や女の何がつらいって、そういう側面をずっと見せつけられることだと思う。本当に不幸な立場です」

晴子は勝巳と縁を切ったことで、娘たちを少なくともかつての自分よりは良い状況で育てられていると考えているという。

2 学生ヤクザと呼ばれて

「ヤクザだった親父とは会ったことがないんです。どういう人かも教えてもらえなかった。だから、心のどこかでずっと追いつづけていたような気がします……。実際に大阪まで捜しに行ったことがありますから」

雨の降りしきる歌舞伎町のカラオケ店での取材の中、小森亮はつぶやくように言った。

一九八三年生まれの彼は、一歳の時に暴力団構成員の父親と別れて以来、顔を合わせたことがなかった。どういう容貌をしていたのか、どんな性格だったのか、今何をしているのか、何一つ教えられなかった。

にもかかわらず、亮は十代の頃からドラッグの売人として名をはせ、警察からは「学生ヤクザ」と呼ばれてマークされる存在となった。今も密売の仕事はつづけており、取材の際に持っていた革製のハンドバッグには大麻リキッドが隠されていた。

なぜ亮は、物心つく前に、暴力団構成員だった父親と別れたにもかかわらず、道を踏み外すことになったのか。

この亮の半生について見てみたい。

男関係が絶えない母

父親は九州の宮崎県で生まれ育った。幼い頃から手に負えない荒くれ者として知られており、十代で地元の暴力団に入った。覚醒剤の密売を手がけていることで有名な組織だったので、おそらく彼の生業もそれだったのだろう。

三十代の頃、組織が関西のV組との抗争に敗れ、解散に追い込まれる。これによって構成員たちは、V組へ次々と吸収されることになり、父親もまた大阪へ移ってV組系二次団体に加わった。

大阪の繁華街で、父親は手広くシノギをしていたようだ。バッグに札束をつめ込み、連日のように北新地の高級クラブで豪遊した。そんなクラブで働くホステスの一人が、後に亮の母親となる貞子だった。

貞子は神奈川県の出身だった。父親は一部上場企業の役員を務めた人物で、いわゆるお嬢様だ。結婚して二児を授かったものの、夫との関係がこじれて離婚。奔放な性格だったこともあって、彼女は子供を元夫に預けて神奈川を飛び出し、大阪の高級クラブでホステスとして働きだす。

大阪に来て間もなく、貞子は店のナンバー1ホステスとなった。外見の美しさに加えて、育ちの良さが男性を惹《ひ》き付けたのかもしれない。父親もそんな貞子に入れあげた。シノギで手に入れた金を惜しげもなく注ぎ込み、あの手この手で誘い、ついに射止めることに成功した。

だが、二人の幸せな生活は長くはつづかなかった。父親がトラブルを起こして雀荘に火を放ったのだ。人命が失われることはなかったが、この放火事件によって父親は大阪にいられなくなった。そこでV組の組長の口利きで、横浜にある「J企業」という港湾荷役会社を紹介してもらって、そこで働くことになったのである。

J企業は、多数の人夫を抱えて、横浜港で貨物船の荷下ろしからタンカーの重油の運搬まで幅広くビジネスを展開していた。ただ、この時代の人夫は素性のわからないごろつきが多く、まとめ上げることが難しい。そこで暴力団構成員のように、人を力で押さえ付けるのを生業とする者が管理者として重宝されたのだ。

父親は横浜にやって来ると、九州や関西で得たやり方で人夫たちを取りまとめた。給料は歩合制だったため、それなりの金を手にしていたようだ。だが、暴力団の性分なのだろう、家庭に金を入れず、愛人を囲ったり、飲み歩いたりの日々で、一九八三年に亮が誕生しても、生活態度を一向に改めなかった。

翌年、貞子は愛想を尽かし、一歳の亮を抱いて夜逃げするように家を出た。父親は怒り狂って血眼になって捜したが、貞子は復縁する気になれず、知人を介して強引に離婚を成立させた。

貞子はその美貌ゆえに子供ができても、寄って来る男が途切れなかった。そのうちの一人が金融機関に勤める佐島健だ。当時、四十歳くらいだった。貞子は健と恋仲になって同居をはじめた。

時は一九八〇年代の好景気のただ中だったこともあり、健は本業とは別に、銀行から多額の融資を受けて不動産を買っては転売をくり返して荒稼ぎしていた。その日買ったマンションが、翌日には数百万円値上がりするのが珍しくない時代だったことから、多少の専門知識があれば儲けることなど造作もなかったのだろう。

だが、貞子は何があったのか数年で健と別れ、濱田兼造という男に乗り換える。

兼造は青森県の出身で三十五歳くらい。建物の解体業や不用品回収業を営んでいた。竹を割ったような性格の大酒飲みで、前の恋人の健のようなスマートさはなかったが、無骨でどこか危険な匂いを感じさせる男だった。

それもそのはず。兼造の経営する会社は暴力団のフロント企業で、組織と深い付き合いがあった。本業では暴力団と組んで不法投棄や不法就労などによって不当に利益を得ており、一方でカタギの業者が同じことをしているのを見つければ、暴力団とともにそれをネタにしてゆすり金を巻き上げていた。その金の一部が上納金として組織に流れていた。

貞子は、前夫はもちろん、健にせよ、兼造にせよ、裏社会に生きる男に惚れる傾向があったのだろう。亮は、そんな母親のことを冷ややかな目で見ていた。

亮は語る。

「母さんは何歳になっても女であることを止めない感じがしましたね。男関係が絶えず、息子である俺のことは常に二の次でした。性格としか言いようがないですが、ヤクザもんと交わるのが好きだったんだと思います。

母さんは、俺の実父のことを『あんな奴のことは思い出したくない』と話したがりませんでした。聞いていたのは、名前とV組の組員だったってことくらい。離婚の直後に親父の写真をすべて捨てたんで、どんな顔をしているのかさえ知りませんでした。

最初はそんなもんかくらいにしか思っていませんでしたが、年齢を重ねるごとに実父への興味は膨らみました。同級生が父親と遊んだり、食事したりしているのを見ていて、羨ましく感じたんです。健さんや、兼造さんはどこまで行っても『母の恋人』で、父親という感じじゃなかった。あの二人の方も俺にはそこまで関心がなかったように思います」

小学生になった亮は、複雑な家庭の事情から目をそらすように、学校内外でスポーツに打ち込んだ。運動神経が良かったことから、野球、サッカー、バスケットボールなど何をやっても同級生より頭一つ抜きん出ていた。それは亮の自尊心を満たした。

家庭環境が大きく変わったのは、小学六年の時だった。それまでは、貞子、兼造、亮の三人で生活していた。だが、兼造の仕事が行き詰まったことで、貞子は前の恋人である健と復縁して三度目の結婚をした。

妙なのが、貞子はマンションに引っ越すにあたって、直前まで付き合っていた兼造を連れて行ったことだ。一つ屋根の下に、健と兼造という新旧の恋人が同居したのである。

少ししてさらに予想外のことが起きた。貞子の甥っ子に当たる二人の男性が、そのマンションに転がり込んで来たのである。しかも、彼らはＶ組の構成員だった。わずか数カ月の間で、貞子と夫の健、亮、元恋人の兼造、それに親戚二人の計六人が３ＬＤＫのマンションで共同生活を送ることになったのだ。

亮は言う。

「なんであんなことになったのか全然わかりませんでした。もう小六だったんで、健さんと兼造さんが一緒に暮らすことの不自然さはわかっていました。でも、母さんからはまったく説明がなく、俺も訊いちゃいけない空気を感じていて。そこに親戚のヤクザ二人まで住みつくわけですから、本当に意味不明ですよね。

これは俺の想像ですが、健さんも兼造さんも、仕事の関係でヤクザとつながっていて付き合いがありました。なので、母さんが親戚のヤクザ二人を紹介し、一緒にシノギをさせていたんじゃないですかね。そうじゃなきゃ、説明がつきませんから」

亮の推測が正しければ、貞子は人心掌握に長けており、裏社会の人間たちを裏で操っていたのかもしれない。暴力団構成員を意のままに動かすことに生きがいを見いだしていたということだ。

何にせよ、こうした生活環境が亮の心に悪影響を及ぼさないわけがなかった。

高校生で売人に

中学進学後、亮はサッカー部に入って、レギュラーを目指して日々練習に励んでいた。勉強が得意ではなかった分、スポーツに力を入れていた。

だが、部活動を終えて帰宅した亮をマンションで迎えるのは、暇を持て余す暴力団の親戚たちだった。二人はよく亮を連れ出して夜の繁華街を闊歩したり、所属するV組の事務所を案内したりした。

事務所を訪れると、兄貴分たちが優しく迎えてくれた。

「お、亮君来たな。飯でも食いに行くか」

幹部の人たちが、焼き肉店や高級クラブへ連れて行ってくれたこともあった。中学一年の亮にとってクラブの内装は映画の世界のようにきらびやかで、ドレスを着たホステスたちは見とれるほど美しかった。構成員たちは店の奥の席でふんぞり返り、ブランドものの腕時計や金のネックレスを見せびらかし、ホステスの胸や太股に手をやり自慢話に花を咲かす。

亮はそんなふうに夜の街を連れ回されるにつれ、だんだんと暴力団の世界に惹かれるようになった。自分も同じ道に進めば、金持ちになり、いい車に乗り、美女を侍らすことができるのではないか。中学一年の男子の妄想は膨らんでいった。

彼が部活動をサボり、不良グループと付き合うようになるまで、大した時間はかからなかった。暴力団の親戚がおり、V組の事務所に出入りしていると言うだけで、周りからは「すげえ」と見上げられるのが心地良かった。いつしかサッカーへの情熱は完全に冷めていた。

公立高校に進学した後、亮はますます暴力団との関係を深めていく。彼は次のように述べる。

「高校時代は部活をやらずに、週五日は組事務所に通ってました。マンションの一室が事務所になっていて、組員の代わりに当番をしているだけで小遣いをもらえたんです。電話対応とか、掃除とか、警備とかそんなことかな。組員じゃなかったんで、ちょっと雑務をするくらいで、ほとんどすることはなかったですけどね。

若かったこともあって、親分にも気に入られてました。親分からはよくうちの子の子守をしてくれって頼まれました。親分の子供がまだ小学生だったんですよ。二時間くらい、ゲームしたり、買い物に行ったりするだけで、二万円くらいもらえました。普通のバイトなんて馬鹿馬鹿しくてできませんでしたね」

亮が暴力団に傾倒していったのには、もう一つ別の理由があった。

十五、六歳になれば、不良の大半は暴走族やギャングを結成して喧嘩で名を上げることに夢中になるものだ。しかし、亮にはそれができない事情があった。当時、横浜で暴走行為をしようとすれば、関東を拠点とする指定暴力団W会に許可を得なければならなかった。名簿を提出し、集会の度に「ケツ持ち代」を払い、暴走行為を認めてもらう必要があるのだ。

ところが、亮は中学時代からV組の構成員にかわいがってもらっていたため、W会と親しくするわけにいかなかった。V組とW会の大幹部同士は親戚付き合いをしていたが、末端の組織は仲が良いわけではなく、むしろ地域の利権をめぐって小競り合いをくり返していた。そのため、亮はV組に配慮して暴走族には加入せず、準構成員のような立場で事務所に出入りしていたのである。

亮が、キムと名乗る中国人と出会ったのはその頃だった。三、四歳年上の二十歳くらいの男性だった。キムは中国マフィアとパイプを持っており、そこから覚醒剤やシンナーを安く手に入れることができたが、地元での販売ルートがなかった。そこで手を組んで密売をすることにしたのだ。

二人は、覚醒剤五グラムを三万円で買い付け、一パケ（〇・四グラム）を一万円で売った。シンナーは一斗缶（十六リットル）を三万円で買い、五百ミリリットルのペットボトルに入れて五千円で売った。いずれもボロ儲けだ。

亮は高校生だったことから、自分の学校に持ち込み、同級生たちに売った。いわゆる底辺校で不良が多かったため、あっという間に広まった。休み時間にトイレの前で売っていると行列ができるほどだったという。

亮は語る。

「うちの高校はクソバカだったんで、それぞれの中学のアタマが集まっていたんです。それでそいつらをつかって売ろうと思った。みんな地元へ帰れば、それなりに後輩を抱えていてクスリを売る人脈がある。なんで、彼らにバイ（売人）をやってもらうことにしたんです。

すげえ売れましたよ。最初はタダで『これを一発キメるだけで、スーパーサイヤ人になれるぞ』って言って注射を打つんです。大抵はそれだけでハマりますね。一度覚えさせれば、黙っていても買いに来る。そんな感じでバカみたいに売れたんです」

高校の不良たちのルートをつかったことで、横浜どころか、神奈川県中の中高生に覚醒剤が広がっていった。

さらに二〇〇一年の初頭、先述した暴走族を束ねていたW会の構成員が殺害されるという事件が起きた。この構成員は暴走族を金ヅルと見なして、月に多額の金を吸い上げていた。暴走族の一部のメンバーがそれに業を煮やし、磯子区にあった自宅マンションに押し入って絞殺したのだ。遺体は民家の物置下に埋められたが、翌月警察によって発見。実行犯五人が逮捕された。

このおかげで、暴走族の世界に、V組を後ろ盾とする亮が割って入る余地が生まれた。彼は暴走族のメンバーに対して同じような方法で覚醒剤を売り、販売網を広げることに成功した。

亮とキムが手広く稼いでいるという噂が流れると、V組の構成員から声がかかるようになった。中国人マフィアだけでなく、自分たちからも覚醒剤やシンナーを買ってくれというのだ。暴力団のそれは中国人マフィアのものに比べれば高額だったが、うまく付き合うために双方から買い付けることにした。

警察が亮を「学生ヤクザ」と呼んでマークするようになったのは、この頃からだ。亮も目を付けられているのを知っていたので、警戒はしていたものの、高校三年の三学期についに摘発されることになる。ある日、自宅に押しかけて来た警察によって身柄を拘束されたのだ。

亮は言う。

「驚いたのは、家に来たのが少年課じゃなく、マル暴（暴力団を取り締まる組織犯罪対策部第四課）だったことです。俺のことを準構成員と見なして追っていたんでしょうね。

家宅捜索の理由は窃盗容疑でしたが、明らかにクスリを狙っていました。クスリは別のところに隠していたんですが、大量の注射器が出てきちゃったので言い逃れすることができなくなった。刑事さんからはさんざんクスリの在り処と出処を問い詰められましたが、こっちも口を割るわけにいかない。ずっと『イラン人から買った』と嘘をつき通し、最後は『本当のことを話したらヤクザに殺される』と泣きつきました。実際に警察にチンコロ（密告）して殺された人もいますからね。

警察はさすがに未成年の俺をそこまで追い詰めたらヤバイと思ったんでしょう。クスリの件は不問にしてもらって、窃盗や傷害で少年院へ送られることになりました」

送致されたのは、日本最大規模の多摩少年院だった。

十九歳でシャブ中

一年半後の二〇〇三年、少年院を出た時、亮は十九歳になっていた。

少年院で受けた矯正プログラムでは、法務教官から真っ当な道で生きることの重要性を散々言われてきた。一時は院内で高卒資格を取って企業に勤めることも考えたが、密売で成功した記憶が色濃く残っており、更生を思い留まらせた。きつい仕事に従事するより、密売で楽に稼いで好きに生きていきたいと思ったのだ。

売人仲間のキムは逮捕を恐れて行方をくらましていたので、亮はV組の事務所に行き、知り合いの構成員から覚醒剤を卸してもらい、個人での密売をはじめることにした。しかし一年半の間に、周りの環境はずいぶん変化していた。不良仲間たちの大半がその世界から足を洗っており、これまでのルートが消滅してしまっていたのだ。

亮は仕方なくほとんど一から買い手を探して売りはじめたが、思い通りにはならなかった。亮は現実から目をそらすように売り物の覚醒剤に手を染めるようになる。使用量は瞬く間に増えていき、一日中注射を打っている状態になった。

彼は言う。

「年少を出てから一人暮らしをしていたんで、なんか寂しさも倍増した感じでした。ヤクザの知り合いはいましたけど、俺は盃をもらっていなかったから正式な組員ってわけじゃなかったし、そろそろ二十歳になるって年齢だったので昔みたいにかわいがってもらえなかった。中途半端なことをダラダラやっている感じでした。

ヤクザにならなかったのは、あんまりメリットがなかったからですかね。ヤクザの世界って、族の総長やって喧嘩で名を売っていた人間が、その勢いのままのし上がるものなんですよ。俺は早いうちからバイをやってて、そういう感じじゃなかったので、ヤクザになっても大きな力を持てるわけじゃない。だから入らなかったんです」

亮は覚醒剤の後遺症によって激しい妄想につかれるようになっていた。特に幻聴がひどく、時にはそれが神のお告げや悪魔の囁きに聞こえる。自分が超自然的なものと交信できている特別な存在になったと信じていた。

二十一歳の時、亮は高校時代の一学年上の女性と籍を入れた。彼女は右翼の親戚がいたことから、暴力団に囲まれて育った亮にシンパシーを感じていたようだ。十代半ばからくっついたり離れたりをくり返していたが、少年院を出た後に連絡をくれたこともあって、肉体関係になっていた。そんな彼女が妊娠したと聞いて、結婚を決めたのだ。

娘が誕生したことで、妻は亮に犯罪から手を洗い、真面目に生きてほしいと願った。だが、亮は毎日のように覚醒剤を打ちながら、フラフラと末端の売人として生きていた。周りからもどんどん人が離れていく。妻はそんな亮に対して何度も怒りをあらわにした。

「子供も生まれたんだから、もっとちゃんとしてよ。せめて捕まるようなことは止めて、家族のためにちゃんと生きて！」

亮はその場では「わかった」と答えるのだが、次の瞬間には忘れて注射器を手にしている。もはや覚醒剤の沼地から這い上がることができなくなっていた。

結婚から二年、妻はついに幼い娘を連れて家から出て行った。亮を見限ったのである。亮は堕ちるところまで堕ちた自分がみじめでならなかった。かといって、もはや何をどうしていいのかわからない。

亮はV組の事務所へ行き、幹部に相談することにした。このまま自分は末端の売人として生きていくことしかできないのか、それとも別の道があるのか。

幹部は言った。

「亮は若いんだから、真面目に生きろ。そっちの方が合ってるだろ」

おそらく幹部にしてみれば、廃人同然の亮は暴力団においても使い物にならないと判断したのだろう。

ただ、亮にはこの幹部の言葉を真摯に受け止める純粋な気持ちだけは残っていた。彼は、知人から横浜港にある港湾会社を紹介してもらい、コンテナ船関連の仕事をすることになった。人生を一からやり直そうと腹を括ったのだ。

働きはじめて間もなく、亮は予想もしていなかった話を耳にする。年配の作業員と話をしていたところ、一歳の時に別れた父親がこの会社で働いていたと教えられるのだ。よく聞いてみると、父親が関西から来て入ったのがこの会社であり、離婚後も数年間働いていたそうだ。そのため、年配の労働者たちは父親を知っていたのである。

亮は語る。

「母さんへの手前、俺は親父のことを知りたくても探っちゃいけないって思っていました。それをすれば、母さんを裏切ることになるし、悲しませることになるって。だから、ほとんど話題にしなかったんです。

でも、二十歳を超えて、偶然親父を知る人に会ったことで、自分の中で一気に関心が膨らみました。ちょうど俺も離婚して二歳の娘と別れたばかりだったんで、親父と自分を重ねた面もあったかもしれない。とにかく、今まで封じ込めてきた気持ちがいきなり大きくなってきた感じでした」

亮は仕事の合間を縫って、年配の作業員たちに声をかけ、父親について訊いて回った。どういう性格だったのか、顔は自分に似ているのか、仕事はできたのか、今どこで何をしているのか……。

作業員たちの話をまとめれば、父親は仕事には誠実に取り組んでいたが、私生活では女遊びと喧嘩が絶えなかったそうだ。年をとっても暴力団としての気質が抜けなかったのだろう。十年ほど前に横浜を離れて、V組の仲間を頼って大阪にもどり、西成の「釜ヶ崎（あいりん地区）」に住みついたという。

釜ヶ崎は、日雇い労働者とホームレスが集まる日本最大のドヤ街である。若い時は金回りが良くても、年を重ねて落ちぶれ、ホームレス同然になって釜ヶ崎に流れつく元構成員も珍しくない。

数年後、亮は大阪に行く機会があった時に、西成を訪れて父親を捜そうと考えた。だが、向かっている途中、「行くな、そこへ行くな」という幻聴が聞こえてきたという。覚醒剤の後遺症と思われるが、頭のどこかに、父親の悲しい末路を見たくないという気持ちがあったのかもしれない。亮はこれを「神のお告げ」と考えて踏み止まり、捜すのをあきらめた。

それから数年して、思いがけないことが起こる。見知らぬ人物から一通の手紙が届いたのだ。差出人は、父親の養子（亮の義兄弟）を名乗る人物からだった。別の女性と再婚した際に、相手に連れ子がいて養子縁組したのかもしれない。

手紙には、数週間前に西成で暮らしていた父親が死去し、故郷の宮崎の土地が養子と亮の二人に相続されることになったと記されていた。亮はそれを読み、初めて父親が死んだのを知った。結局一度も顔を見ることができないまま永遠の別れとなったのである。

亮は言う。

「九州の田舎の土地をもらっても仕方がないので、三百万円と引き換えに権利を別の親戚に譲りました。俺には親父の記憶も、写真もない。唯一、親父が生きていた証として残されたのが、三百万円なんです。

親父の下で暮らしていたらどうなっていたかは想像したことがありません。俺が学生ヤクザって呼ばれるようになったのは、親父じゃなく、母さんの影響が大きかったと思いますね。世の中には母さんみたいなヤクザ好きの人がいて、周りがヤクザだらけになることがあるんです。そうなれば、たとえヤクザの親父と別々に暮らしていても、生活環境は同じになる。

でも、俺はヤクザの道に進めなかった。今振り返っても、結構半端だったたって思うかな。まぁ、それに関しては後悔しているという気持ちはまったくありませんけど」

たしかに亮を暴力団の道に引きずり込んだのは、父親というより、暴力団との交際を好む母親や、その周りの男たちだった。

現在、亮は湾港会社の仕事を辞め、フリーターをしながら、昔のつてをたどって覚醒剤や大麻を入手し、身近な人間に売って生計を立てている。離婚後に一念発起して社会復帰しようとした気持ちはあっけなく折れてしまったようだ。

実は、インタビューの最中、亮は幻覚に悩まされているような言動をしばしばくり返した。予知夢で私と会ったことがあると言い出したり、「神のお告げで聞いた」という話を何十分もしたりするのだ。覚醒剤の後遺症で、彼の精神は回復できないほどに壊れているのだろう。

その中でも、亮が唯一嬉しそうに語っていたことがある。それは亡き父親の〝声〟が聞こえるということだ。これも幻聴にちがいないのだが、それを話す時だけは無邪気な子供のような笑みを浮かべていた。

3　母は私をソープに売った

千葉県内の二階建てのアパートが、赤塚未知の今の住居だ。

2DKの部屋には、家具といった家具がなく、むき出しの床に灰皿と缶ジュースが置いてあるだけだ。台所にはコンビニ弁当とペットボトルの入った袋がいくつも置かれて異臭を放ち、寝室には汚れた布団が敷きっぱなしになっている。

ここには、未知の他にW会の構成員である夫、一歳の五女、五歳の三女、そして十七歳の次女が住んでいる。未知にはこれ以外にも四人の子供がおり、十八歳の長女は結婚して妊娠中、他三人は児童養護施設に入所している。

　彼女は驚くべきことを口にした。

「私、七人子供がいるけど、二人だけ同じで、後は全員父親が違うの。しかも、その六人の男はみんなヤクザだよ」

　未知は一九七四年の生まれで、まだ四十代だが、前歯がないために呂律が回らず言葉が聞き取りにくい。かつて付き合っていた構成員の男に顔面を殴られて、前歯を折られたという。しかも、覚醒剤の後遺症で記憶がつづかないらしく、話題があちらこちらに飛んでとりとめがない。

　未知は取材に応じた理由を次のように述べた。

「医者から癌だって言われて、余命も短いみたいだから困ることなんて何もねえ。何だってしゃべるよ。自分でも思うけど、クズな人生だった。でも、こんな人生にしたのは、あのクソババアのせいなんだよ。何もかも､全部あのクソババアがいけねえんだ。あの世で会ったら､絶対にぶっ殺してやるって誓ってるんだ」

　ババアとは、未知の母親のことらしかった。なぜ、そこまで血のつながった母親を憎むのか。それは六人の暴力団構成員との間に子供をつくったことと関係があるのか。

　彼女の話に耳を傾けることにした――。

義母の虐待

未知は、千葉県の病院で生を受けた。まず、その経緯からして壮絶だった。

出産当時、母親の紹子は、当時十六歳の風俗嬢だった。幼い頃から素行に問題があり、小学生の頃から喧嘩、万引き、恐喝をくり返し、十五歳で女子少年院に送致されたそうだ。一年ほどして出院した後は、年齢を偽ってソープランドに勤務。

このソープランドに常連客として来ていたのが、関東を拠点とする指定暴力団D会の構成員の南田敏夫だった。彼はD会のフロント企業として不動産業を営んでおり、地上げや競売といったビジネスにかかわっていた。

敏夫は家庭を持っていたが、紹子を気に入り、やがて店の外でも会うようになる。二人は覚醒剤を打ちながらセックス三昧の日々を送っていたようだ。

間もなく紹子は妊娠に気がつくが、その時には人工中絶できない時期になっていた。彼女は仕方なく出産することにする。

敏夫はそれを聞いて言った。

「産むしかないならそうすればいい。ただし、俺は妻と離婚しないし、子供も育てないぞ。養育費として四千万円やるから、自分で何とかしろ」

紹子は四千万円をもらい、未婚のまま娘を産んだ。これが未知だった。

こんな痛い目に遭っても、二人は性懲りもなく逢瀬を重ね、覚醒剤を打ってはセックスをした。薬物による快楽から抜け出せなくなっていたのだ。一年後にはまた新しい命が宿り、紹子は同じような経緯で次女を出産した。

紹子は十八歳で二児の母親となったが、頭の中は覚醒剤のことで占められており、子育てをしようとさえ思わなかった。ソープランドの仕事で稼ぐ金はその日のうちに覚醒剤に消え、敏夫と意識がなくなるまで狂ったようにセックスに溺れる。何日も家に帰らないので、未知たち娘はアパートに放置された。

育児放棄に気がついたのが、父親の敏夫だった。用事があって紹子のアパートを訪ねたところ、娘たちが餓死寸前までやせ細り、動けなくなっていた。敏夫の一一九番通報によって、千葉大附属病院に運ばれて救命処置を受け、一命を取り留めた。

敏夫は再三、紹子に子育てをするように言ったが、聞く耳を持とうとしない。彼は自ら招いたことだと悔やみ、未知と次女を引き取って養子として育てることにした。

だが、敏夫の妻にしてみれば、夫が十六歳のソープ嬢との間につくった子供を押しつけられて、愛情を注げるわけがない。ゆがんだ気持ちは、未知たちに対する虐待となって現れる。

未知は語る。

「お父さんは、女にだらしないヤクザだったんだろうね。私と妹を引き取った時点で、四度の結婚歴があって、全員で十二人の子供がいた。私らが養子に入った家にも、お父さんと義母の子供が三人いた。そこに私たち姉妹がやって来るんだから、義母からすれば『愛人に産ませたガキを連れてきやがって、ふざけんな』ってなるよね。でも、お父さんには言えないもんだから、私たちに暴力を振るってストレス発散したんだ。

義母の虐待はエグかった。まず、実子三人と私たち養子二人を徹底的に差別したね。実子はベッドで寝かせるのに、私たちは布団も与えられずに固い床で寝かせられた。ご飯もすべて残飯で、まったくもらえない日もあった。さらに、何かにつけて文句を言っては殴ってきた。立っていれば『邪魔だ』って殴られて、すわっていても『邪魔だ』って殴られる。火のついたマッチを体中に押し当てられたこともあった。

お父さんは虐待に気づいていたけど、見て見ぬふりをしていたよ。元を正せば自分が悪いんだから何も言えた義理じゃないよね。私たちにしてみたって、家に置いてもらえるだけで御の字なんだから、助けてなんて言えなかった。お腹が空いたら、お父さんの財布から金を取って食べ物を買っていた」

義母の暴力にさらされる日々の中で、未知にとって唯一の気晴らしが火遊びだった。義母に殴られた後、隠れてマッチを擦っていろんなものを燃やし、火を眺めていると、不思議と心が落ち着いた。

だが、これが思わぬ災いを生む。ある日、火遊びから火事を起こし、家を全焼させてしまったのだ。家族は無事だったが、未知は一人だけ家族から引き離され、問題行動を起こす子供たちが集められる施設へ送られた。

そこは、山梨県の片田舎にある「K研究所」だった。全国から数百人の問題児たちが集められ、矯正指導が行われていたのだ。今でいえば、発達の問題を抱えた子供や、虐待によって人格がゆがんだ子供たちが、当時は「問題児」として一括りにされて送られて来たのだろう。施設は子供たちを宿舎で寝泊まりさせ、集団生活や農業活動を通して、意識改革を促していた。

昔はこうした施設が全国各地にあったが、そこで行われる指導は必ずしも適切なものではなかった。未知に言わせれば、K研究所も同じで、職員は日常的に体罰を行っていた上に、子供同士のいじめもはびこっていた。悪い先輩の影響で、未知は小学二年から煙草を吸いはじめ、四年生でシンナーに手を出した。

小学六年の時、未知はK研究所で立て続けに暴力事件を起こし、教護院（現・児童自立支援施設）へ送られることになった。もはやK研究所でさえ、手に負えない少女になっていたのだ。

教護院を出たのは、十三歳の時で、帰住先は父親の敏夫のもとだった。千葉の家で暮らすことになったことで、再び義母による虐待の日々が幕を開けた。中学生になっていた未知は暴力に耐えかねて家に寄り付かず、地元の不良グループと付き合った。仲間の家を泊まり歩き、たまに家に帰って義母に叱りつけられれば、反発してまた家を飛び出す。

ある日、未知が義母と決別する出来事が起こる。夜、未知が不良仲間とともに盗難バイクを乗り回して遊んでいたところ、通報を受けた警察に取り囲まれて捕まった。未知たちは警察署で取り調べを受けた後、一人ひとり保護者に引き渡されていった。

未知を引き取りにやって来たのは、義母の長男だった。家に敏夫と義母が不在だったため、長男が代わりに来たのだ。この時、二十代後半だった長男は、D組の準構成員として敏夫の経営する暴力団のフロント企業で働いていた。

家に帰ると、長男はいきなり未知の顔を殴りつけて激怒した。もっとも嫌っている警察署へ呼び出されたことが気に入らなかったのだ。彼は室内にあった木刀を手に取り、滅多打ちにした。

「てめえ、好きなことして俺に迷惑かけんじゃねえよ。ソープ嬢が産んだ子供のくせに、何様のつもりだ！」

あまりに激しく殴られるため、未知は言い訳さえできなかった。さらに長男は木刀で殴りつけた。

「お袋はてめえが家に来てからおかしくなったんだよ。俺たち血のつながった兄弟まで迷惑してんだ。てめえなんて生まれてこなけりゃよかったんだ！」

長男も長男で、父親が不倫でつくった子供に鬱屈とした思いを抱いていたにちがいない。それが警察の一件によって爆発したのだ。

彼は、殴られて足腰が立たなくなった未知に覆いかぶさり、着ていた服を無理やり脱がして、レイプに及んだ。未知は天井を見つめてされるがままになりながら、「もう、この家には住めないんだな」と考えていたという。

レイプが終わった後、未知は痛む体を引きずりながら、家を出た。頼ったのは、親しくしていた不良仲間たちだった。だが、中学生だった彼らには、ずっと彼女を家に住まわせるだけの力がない。

仲間内で話し合って出した結論が、地元の先輩で、W会の構成員となっている男に相談することだった。構成員に会いに行くと、未知は藁をもすがる気持ちで事情を話した。彼はしばらく考えてから言った。

「俺は今、部屋住み専用のマンションで生活してるんだ。他にも何人か若い衆がいる。そこでいいなら、住まわせてやるぞ」

暴力団に入ると、新人は部屋住みといって事務所や親分の家で暮らしながら、雑務や警備といった下働きをする。ただ、事務所や家が広くない場合は、マンションの一室を寮として借りて、そこで寝起きすることがあるのだ。

「わかりました。そこに住ませてください」

行き場所がない未知には、他に選択肢がなかった。

〝バカ女〟の正体

千葉市内の住宅地に立つごく普通のマンションが、W会の若い衆の部屋住み用の寮だった。

2LDKの部屋には、数名の構成員が暮らしていたが、他にも様々な人間が出入りしていた。構成員たちが覚醒剤の密売をしていたため、密売人たちが仕入れに来たり、クスリ漬けにされた女性たちが、セックスと引き換えに無料で覚醒剤をもらいに来たりしていたのだ。

未知は「ヤバいところに来た」と思ったが、義母に虐待されたり、義兄にレイプされたりするよりはマシだった。慣れとは恐ろしいもので、一週間も経てば、個室から聞こえてくる女性の喘ぎ声や、床に転がる注射器を何とも思わなくなった。

数週間が経ったある日、未知はマンションで仲間とともにシンナーを吸いながら幻覚を楽しんでいた。別の部屋からは、もう一時間以上も女性の大きな喘ぎ声が響いていた。覚醒剤をつかった乱交は毎日のことなので何とも思わなかったが、あまりに声が大きく耳障りだった。

「ったく、どこのバカ女だよ。ヒーヒーわめきやがって」

未知はシンナーを手にして仲間たちとつぶやいていた。

数十分して部屋のドアが開くと、半裸の女性が出て来た。二十代の後半だろうか。髪はボサボサに乱れ、目の瞳孔が開き、全身から汗が噴き出している。一目見て覚醒剤中毒だとわかった。

女性は通り過ぎようとしたが、ふと未知の前で立ち止まった。顔を覗き込んで来たかと思うと、呂律の回らない声で言った。

「あんたさー、さっきダチに『ミチ』って呼ばれてたよなー」

「だったら、なんだよ」と未知は答えた。

「もしかして、あんたの親父ってＤ会の敏夫？」

Ｗ会のマンションで、Ｄ会の名を出されたので血の気が引いた。未知は言った。

「あんた誰なんだよ」

「うちが先に訊いたんだから、まずそっちから答えるのが筋だろ！」

「答えてやるよ。敏夫は私の親父だよ。それが何だ」

女性はニヤリと笑った。

「そっか。敏夫、元気か？」

「知るか。もうあの家は出たんだ。大体、あんた誰よ」

「うち？　あんたの母親だよ」

「は？」

「あんたの母親だっつってんだろ！　紹子つうの。敏夫から何も聞いてねえの？」

あまりに突然のことで、未知は言葉の意味が理解できなかった。二歳の時に敏夫に引き取られたため、実母の紹子のことはまったく記憶になかったので、このような形で再会するとは想像もしていなかった。何より、母親がこんなに壊れた女であることに愕然とした。

紹子は、未知がシンナーを手にしているのを見て言った。

「あんた、まだアンパン（シンナー）なんてやってんだ。クスリはやらねえの？」

未知は覚醒剤は未経験だった。母親は馬鹿にしたようにゲラゲラ笑いはじめた。

「まだガキだな。怖いのか」

「そ、そうじゃねえよ」

「ポンプ（注射）が怖いなら、飲めばいいじゃん。つくってやるよ」

紹子は覚醒剤を取り出し、その場でシロップに溶かしてジュースにした。未知もここまでされて引くわけにはいかない。「飲んでやるよ」と言って一気に飲み干した。最初は何も感じなかったが、少しして頭がキーンと音を立てはじめた。やがて全身が鳥肌立ち、すさまじい高揚感に包まれた。自分が巨人か神に変身したような感覚だった。

紹子は言った。

「すげえ気持ちいいだろ。これであんたも共犯だな。ポンプの方がずっと効くから、今度はそっちでやってみろよ」

そう言って注射器を差し出した。血管に直接流し込めば、どれだけの快楽を手にできるのか。未知は迷わずにシャツの袖をまくり、腕を差し出した。

これが地獄の入り口だった。十三歳から三十年以上にわたる覚醒剤人生が幕を開けたのである。

想像だにしない裏切り

この日をきっかけに、紹子は度々マンションにやって来ては未知に声をかけるようになった。彼女は風俗店で働く傍ら、W会の構成員たちとつるんで詐欺や密売をしていたため、ちょくちょく立ち寄ったのだ。

未知と紹子の距離が縮まったのは、マンションに住みはじめて一カ月以上が経ってからだった。義兄にレイプされた際に妊娠したのが発覚し、人工中絶手術を受けることになったため、紹子を介して敏夫に話をつけ、同意書に署名してもらったのだ。

これ以降、未知は紹子に心を開き、一緒に覚醒剤をやったり、食事に行ったりするようになった。十一年ぶりに娘に再会した日に覚醒剤を教えるなど、紹子には百歩譲ってもまともなところがなかったが、未知にしてみれば母親を得られたという気持ちがあったのだろう。

だが、そんな思いは呆気なく裏切られる。紹子が愛人の構成員とともに車でマンションにやって来て言った。

「未知、うまいもん食わせてやるからついて来な」

暇を持て余していた未知は、「うん」と言って車に乗り込んだ。

紹子と愛人の男が未知を連れて行ったのは、茨城県神栖市にあったソープランド「P」だった。紹子は未知を店に連れて行くと、こう言った。

「悪いけど、あんたここで働いて。社長には話通しておいたから」

「は？　どういうこと？」

「ソープで働けって言ってんだよ！　ガキのくせに母親に口答えすんじゃねえ！」

後で知ったのだが、愛人の男が仲間から覚醒剤を盗んだことが明るみに出て、多額の金を要求されていた。そこで彼は紹子とともに、金をつくるために知人の経営するソープランドに十三歳の未知を売り飛ばしたのだ。未知は母親に裏切られたことに気づいたが、時すでに遅しだった。

この日から、未知はPの寮で暮らしながら、ソープ嬢として毎日何人もの客を取らなければならなくなった。本来なら客を一人取れば一万円以上もらえたが、借金のかたに取られているため、ほぼ無報酬だった。十三歳の未成熟な体はすぐに悲鳴を上げた。

店の従業員たちの目にも、未知が強制的に売春をさせられている姿は痛々しく映ったようだ。黒服と呼ばれる従業員の男が、未知に一万円を握らせ、「交通費だ。これで逃げろ」と言ってくれた。地獄に仏とは、まさにこのことだ。未知は買い物へ行くふりをして店を出ると、一目散に逃げ出した。

未知がたどり着いたのは、新宿歌舞伎町だった。千葉にもどれば、紹子と愛人の男に捕まってソープランドへ連れもどされる危険があるため、別の街で生きていくしかなかった。とはいえ、住所不定の十三歳の少女がまともな職に就くことはできない。彼女が生きる糧を得る術として選んだのが個人売春だった。

彼女の言葉である。

「一九八〇年代の終わり、歌舞伎町にはリンリンハウスっていう有名なテレクラ店があったんだ。公衆電話からそこに電話をかければ、買春目的の男が出て、待ち合わせ場所や値段を交渉する。まとまれば映画館の前とかで待ち合わせして、ホテルへ行った。夜は寝場所を確保したかったから、できるだけ泊まりの客を取るようにしていた。

ソープの時もそうだったけど、売春は仕事だから気持ちいいとかそういうのはないね。楽しみっていえば、稼いだ金でクスリを買ってやることかな。ずっと歌舞伎町にいたので、地元のヤクザと顔見知りになって流してもらえたんだ」

家出少女が、売春、恐喝、覚醒剤をくり返して警察に捕まらないわけがない。未知は十三歳から二十歳までの間に三度にわたって少年院に入っており、十六歳の時には少年院で出産した子供を養子に出し、二十歳の成人式も少年院で迎えた。

ソープランドの一件以来、未知は紹子と縁を切っていたが、三度目に少年院を出た二十一歳の時に再会する。未知がW会の構成員の恋人とアパートで同棲をしていたところ、紹子の方からがやって来たのだ。

彼女は言った。

「指名（手配）くらってんだ。しばらくかくまって」

覚醒剤の密売容疑で警察に追われているという。彼女もW会の構成員と付き合っていたため、そのつながりで居場所を知ったようだ。

本来なら、未知は紹子を自業自得として追い出すところだったが、ちょうど恋人の子供を妊娠しており、人工中絶の手術費用を欲していた。未知は彼女を利用しようと考えた。

「うちで隠れるの手伝ってやってもいいけど、私も金がいる事情があるんだ。クスリをほしがってる連中を紹介してくれるなら助けてやるよ」

未知は、密売の顧客リストと引き替えにかくまうと言ったのだ。紹子は背に腹は代えられないと思ったらしく、「わかった」と答えた。

これによって、未知は覚醒剤を売りさばいて、無事に人工中絶の手術費用をつくった。だが、数カ月後、またしても紹子に裏切られる。紹子は警察に居場所を突き止められて逮捕されたのだが、その際に自らの罪を軽くしてもらうために、未知が密売をしているのを密告したのだ。未知と恋人の男は覚醒剤取締法違反で逮捕された。

未知は紹子に情けをかけたのを悔やんだが、後の祭りだった。さらに、取り調べを受けている最中、信じられない事実を聞かされる。刑事からこう言われたのだ。

「お母さんの紹子さんな、君の彼氏の赤ちゃんを妊娠してるぞ」

「はぁ？　どういうこと？」

「君の恋人とお母さんは体の関係だったんだよ。お母さんは、刑務所の中で産むって言ってる」

紹子は実の娘の彼氏を寝取り、妊娠までしていたのである。後日、紹子は医療刑務所でその男の子供を出産した。

未知はこの時の怒りを次のように語る。

「あのババアは私のことを警察にチンコロしただけじゃなく、男を略奪して子供まで産んだんだ。ありえないっしょ。刑務所で生まれたのは男の子だったんだけど、あのババア、その子にまでクスリを覚えさせた。そのせいで、中学生でジャンキーになって、十八歳で自殺しちゃったよ。それを聞いた時には、ざまあみろって思ったね。人の男を寝取るからこんなことになったんだ。マジで悪魔みてえな女だよ」

この時の逮捕で、未知は山口県の岩国刑務所に四年十カ月にわたって収監されることになった。

バラバラになった家族

二〇〇〇年、未知は岩国刑務所を二十六歳で出所した。だが、更生するという選択肢はなかった。懲役の間もずっと覚醒剤をすることだけを考えつづけていた。

千葉の地元に戻ると、未知は再びW会の構成員たちのもとへ行き、覚醒剤三昧の日々を送った。密売人の女となり、日がな一日注射をしてはセックスをする。食事や睡眠より、覚醒剤が優先される。十三歳からそんな生き方しかしてこなかった彼女には、それによって得られる快楽だけが生きる喜びだった。

出所からの三年間で、未知は何の計画性もないまま、長女、次女、次男の三人の子供を出産した。

連日部屋に閉じこもって覚醒剤を打っているので、妊娠に気づいた時には人工中絶ができない時期になっていただけであって、家庭を築くとか、子供を育てるといった意識は皆無だった。

そんな場当たり的な生き方が、子供にまで悲劇を及ぼすことになる。

病院で次男を産んだ数カ月後、未知は愛人の男とともに五件の窃盗容疑で警察から指名手配を受けた。逮捕されれば再び数年の懲役が待っている。二人はマンションを捨て、三人の幼子を連れて逃亡生活をはじめた。

日中は家族五人で車を走らせ、夜になればラブホテルにチェックインして朝まで過ごす。個人情報を出す必要がないので、ビジネスホテルよりラブホテルの方が身を隠すのには便利なのだ。一番下の男児はまだ母乳を飲んでいたが、逃亡中もずっと未知は覚醒剤を打ちつづけていた。

平日の朝のことだった。未知と男は覚醒剤を打っていたせいで、夜が明けてチェックアウトの時間が過ぎているのに気がつかなかった。やがて、ラブホテルの清掃スタッフがやって来て、ドアをノックした。

二人は覚醒剤の影響もあり、警察が乗り込んで来たものと勘違いした。慌てふためいて覚醒剤をトイレに捨てていると、一番下の男児が大きな声で泣きはじめた。未知があやしても、その声はどんどん大きくなる。

「おい、ガキを静かにさせろ。警察が来てるんだぞ！」と男は言った。

未知は「泣かないで」と言うが、生後数カ月の子が理解するわけもない。

「黙らせろって言ってるだろ！　赤ん坊がいると知られたら、警察が突入して来るぞ！」

男は逮捕される恐怖心から頭に血を上らせ、「黙れ！」と叫んだかと思うと、その子の顔に毛布を押しつけた。

清掃スタッフは何度かドアを叩いたが、返事がないので立ち去って行った。男は胸を撫でおろして布団から手を離した。だが、男児はぐったりとしたまま動かなかった。未知が見てみると、呼吸が止まっていた。長時間にわたって顔を抑えられたため、呼吸困難に陥っていたのだ。

未知が事態の重大さに気づいて言った。

「やばいよ！　この子、死んじゃう！」

このままでは窃盗どころか、殺人罪で逮捕されることになる。

未知はすぐに子供を車に乗せて、近くの病院へ運び込んだ。医師の尽力によって、子供は助かったものの、脳に酸素が行き渡らなかったことによって重い脳障害が残った。

未知は言う。

「私と彼氏は病院に通報されて、逮捕された。私は福島刑務所での四年の懲役が決まって、彼氏とはそれきり。次男は植物人間みたいになって、それから今までずっと病院で寝たきりの生活をしてる。長女と次女は施設へ送られた。完全にバラバラだね。

三十五歳でようやく出所したけど、その後も逮捕の連続。出所した翌年に、またクスリでパクられて札幌刑務所に行った。ようやくそこを出たと思ったら、今度は傷害事件を起こして栃木刑務所に入った。結局、十二年のうち九年近く、刑務所で暮らすことになったんだ」

刑務所から出れば千葉の暴力団関係者のもとへ舞いもどって、売人の男の愛人になって覚醒剤に溺れる。そんなリスクだらけの生活をしているのに、逮捕されないように気をつける意志さえ失っていたのだろう。

驚くのは、十二年のうち社会にいたのはわずか三〜四年だったのに、前の懲役の間も合わせて、三人の息子と一人の娘の合計四人を産んでいる点だ。出所しては出産して逮捕され、そこでまた妊娠に気づいて刑務所で産むということのくり返しなのだ。覚醒剤は、一人の人間からここまで理性を奪うのである。

未知は平然と語る。

「七人の子供の父親は全員違うけど、別に不思議でも何でもないよ。ヤクザって、みんなムショとシャバを行き来してるし、私ら女だってそうでしょ。同じ地元であってもシャバに出た時に、どの男が出所してバイをやっているかは毎回違うわけ。だから、地元に帰ってみて、その時にいる男と一緒になる。避妊とか、あんまり考えたことない。十代の時は堕ろしてたけど、一人産んだらもう同じかなって思う。それで気がついたら七人できてたってだけだよ。出産とかは別に慣れるね。私がムショばかり行ってるから、うちの子はみんな施設育ちだけど、たまにシャバに出て施設に会いに行くと、『ママ、ママ』って言ってもらえるのは嬉しいよ。こんな私でも必要とされてるなって思う」

未知は養子に出した子供を含めれば全員で八人を出産し、父親は全員異なるが、結婚したのは三回だけ。うち一回は戸籍貸しのための偽装結婚だったため、実質的には二回しか籍を入れていない。

なぜ子供はつくるのに入籍はしないのか。未知は理由をこう語る。

「ヤクザって、子供をつくるだけつくって懲役行っちゃうから、籍入れても意味ないんだよ。どうせ育てる気なんてないしね。それに、旦那がヤクザだと、生保をもらえなかったり、施設から子供をもどしてもらえなかったりする。だから、籍を入れない方が便利なの。

今だって、ヤクザの彼氏と同棲しているけど、そのことは役所には秘密にしている。バレたら生活保護を打ち切られるし、せっかく施設から取りもどした子供たちを連れて行かれちゃうからね」

冒頭で述べたように、現在未知が暮らすアパートには、未知とその彼氏の他に、一歳の五女、五歳の三女、そして十七歳の次女が住んでいる。三人を育てるという名目で、三十万円近い生活保護を受給しているのだ。

ちなみに、現在の彼氏はW会系の親分の運転手をして生計を立てているという。この男も覚醒剤に手を染めているとすれば、またいつ逮捕されて刑務所へ行くかわからない身なのだろう。

現在の生活について、未知はどう思っているのだろうか。それを尋ねたところ、次のような答えが返ってきた。

「人生メチャクチャだって思うけど、普通の生活をしたことがないから、よくわからないんだよね。当たり前のようにヤクザがいて、クスリがあったから、普通が何なのか知らない。

恨むとすれば、うちのババアだな。けど、もう死んじゃったよ。私が札幌刑務所に入っている時、喉頭癌でくたばったみたい。役所から遺骨を引き取れって言われたけど、あんなババアの骨なんか必要ねえから『いらねえよ』って言ってやったよ」

未知が劣悪な家庭環境で育ったことはまちがいのない事実だが、同時に彼女の子供たちもまた同じ運命をたどっている。

では、子供たちは未知との生活をどう思っているのだろうか。次に、十七歳の次女の本音を紹介したい。

4　十七歳、タトゥー少女の告白

赤塚未知が二十六歳で岩国刑務所を出所してから、福島刑務所に収監されるまでの三年間で産んだ三人の子供のうち、二番目の次女が英美里だ。

現在、英美里は、未知とW会の構成員の男と同居しながら、千葉県内の通信高校に籍を置いている。

私がアパートを訪れた時、彼女は金髪のショートヘアで、建設関係のアルバイトで使用する作業服を着ていた。体が大きく、筋肉の盛り上がった太い腕には肩から手首のあたりまで大きなタトゥーが彫られていたため、男性と見まちがえたほどだ。

彼女はずっとこのアパートで暮らしていたわけではない。物心つく前から児童養護施設に入れられ、昨年そこから逃げ出して未知と構成員が暮らすアパートに転がり込んで来たのだ。

彼女の人生に耳を傾けたい。

Family is my treasure

家族で暮らした記憶って、私、まったくないんだ。

お母さん（未知）が指名手配を受けて、ラブホに泊まっていた時、私は一歳くらいだった。布団で顔を押さえつけられて障害者になった弟はまだゼロ歳。その直後にお母さんが福島刑務所に収監されちゃったから、私とお姉ちゃんは千葉県内の児童養護施設K学園で暮らすことになったの。弟はそれから今までずっと病院暮らし。

K学園ではお姉ちゃんと一緒だったからあんまり寂しくなかったけど、生活の細かなことまではあんまり覚えてない。施設の職員の人たちにいろいろと面倒をみてもらっていたんだと思う。

五歳の時、K学園での暮らしが終わったの。見知らぬ男の人がやって来て、私とお姉ちゃんにこう言ったんだ。

「未知から、おまえら姉妹を引き取るように頼まれた。K学園を出て、俺の実家で暮らせ」

この男の人は「章太」って名乗るヤクザだった。刑務所にいたお母さんとは以前からの付き合いで、体の関係もあったみたい。それでお母さんが刑務所から手紙を出して、章太さんに私たちをK学園から引き取るように頼んだんだって。出所が迫っていたから、私たちと暮らしたかったんじゃないかな。

でも、この家での生活がすっげえグチャグチャだった。家に章太さんはほとんど帰ってこなくて、〝おばさん（章太の母）〟しかいなかった。おばさんからすれば、いきなりヤクザの息子がどこの誰とも知らない子供二人を連れて来たわけだから、クソ迷惑な話だよね。おばさんは、私たち姉妹を虐待した。

虐待は毎日だったよ。顔を合わせればやられるって感じだった。棒で顔面を何度も殴られるとか、足をつかまれて砂利の上を引きずられるとか。一晩中、真冬の外に立たされていたこともあった。毎日死んだ方がマシだと思っていた。

実は私、あまりにつらくてこの頃の記憶が吹っ飛んでいるんだ。お姉ちゃんは結構覚えているみたいだけど、ぜんぜん話そうとしないね。思い出したらその時の恐怖が蘇っちゃうんだと思う。

刑務所を出たお母さんが引き取りに来てくれたのは、一年後のことだった。私は顔も覚えていなかったから、章太さんから「この人がお母さんだよ」って言われて、ああそうなんだって感じ。お母さんはこう言った。

「これから、章太も一緒にみんなで暮らすよ」

お母さんと暮らせる喜びより、おばさんの家を出ていけることの方が嬉しかった。

アパートでは、お母さん、章太さん、お姉ちゃん、私の四人で暮らすことになった。だけど、おばさんの家よりももっとエグイ生活だったな。章太さんはクスリのバイをやってるポン中だったし、お母さんも一緒になってガチでやってた。それですぐに警察から指名手配を食らって、私とお姉ちゃんを巻き込んでまた逃亡生活をはじめたの。

毎日違うラブホテルを転々としてた。私とお姉ちゃんは学校にも行かせてもらえず、することもないから、喧嘩ばかり。お母さんたちはクスリで頭がおかしくなってる上、警察に追われてピリピリして、私たちを殴ってくる。章太さんも同じで、私ら子供はずっと顔面が腫れ上がって口の中が切れているような状態だった。

ここでも、暴力を振われた記憶はほとんど飛んじゃってるんだよね。あまりにひどく殴られてたから、途中から考えないようにしていた。だって、考えない方が楽じゃん。

逃亡生活が長引くにつれて、章太さんは、お母さんのことまで殴るようになった。お母さんがトイレへ行っただけで「てめえ！　他の男と連絡とっただろ」と言って殴りつけたり、お風呂に入ろうとしただけで「逃げようとしただろ」って階段から突き落としたりした。携帯電話の通話もすべて録音されていた。クスリで頭がイカれちゃっていたんだよ。

そんな中で、警察に捕まっちゃうの。警察のことは嫌いだけど、逃亡生活中の暴力が本当につらかったからホッとしたっていうのが正直なところだね。この後刑務所でまた別の弟が生まれたんだ。それで、私、お姉ちゃん、小さな弟の三人で、今度はI学園っていう児童養護施設へ預けられた。

I学園に入ってすぐ、お姉ちゃんがすごく荒れはじめた。逃亡生活でメンタルがやばくなっていた上に、いきなり見ず知らずの子供たち数十人と共同生活をさせられたことで、心がぶっ壊れちゃったんじゃないかな。

施設の規則に片っ端から逆らって、職員の人たちに絡んでいって、周りの子供たちともぶつかっていた。小学校の四、五年生の時には、万引き、喧嘩、煙草とやりたい放題。私に対する暴力もすごくて、途中からは姉妹なのに別々の寮にさせられたくらい。

小学六年生くらいの時、お姉ちゃんは問題行動が行き過ぎて、児童自立支援施設へ送られることになった。児相の人と、I学園とで決めたみたい。このままじゃ、他の子供たちにも悪影響を与えるから追い出そうってことだったんだろうね。私としてはお姉ちゃんが荒れる気持ちもわかったんで、どこかで同情する気持ちもあったよ。お姉ちゃんは児童自立支援施設を出た後も、I学園へはもどしてもらえず、自立援助ホームで暮らすことになった。

弟の方は成長するにつれて別の問題を起こしはじめた。I学園に来た時はまだ小さかったけど、異様なほど性に関心を示すようになったんだ。幼稚園の時から毎日のように性器を露出させたり、男女構わずに他人の性器を触ったりしてて、どれだけ怒られても治らなかった。

　弟がかわいそうだったのは、それがきっかけになって性的な被害に遭ったこと。あんなふうに性に興味を示していれば、I学園にいるヤバイ先輩たちから目を付けられるじゃん。施設って虐待で性的におかしくなっている子がたくさんいるんだ。そういう奴らに呼び出されては、チンコをしゃぶらされたり、ケツの穴を掘られたりしてたんだって。

　このことが明らかになった時には、弟はそれまで以上にイカれちゃって手が付けられなくなっていた。I学園の側もこれ以上置いておけないということで、別の児童養護施設T学園に移された。私は弟と、それきりになっちゃったね。

　お姉ちゃんと弟はそんな感じだったけど、私は次女だったんで、我ながら要領よく振舞ってた。煙草とか、万引きとか、小さなワルはたくさんやったけど、お姉ちゃんみたいにバレるようなことはしなかった。せっかくI学園や学校で友達ができたのに、児童自立支援施設へなんて送られたくないじゃん。だからヤバイことは陰でやって、大人の前ではいい子のフリをしていた。

　お母さんは刑務所を行ったり来たりしていたし、いつもヤクザと一緒だったから、同じ家で暮らせるとは考えてなかった。通信制の高校に進学した時も、ここを卒業したらどっかに就職して自立しなくちゃならないんだろうなって思ってた。

考えが変わったのは、高校へ入って間もなく、お姉ちゃんと連絡がとれるようになったのがきっかけ。お姉ちゃんは高校を中退して、同じ施設出身の男の人と同棲しはじめてから、SNSを通して私に連絡してくるようになった。

ある日、お姉ちゃんにこう言われた。

「最近、お母さんと時々会っているんだ。お母さんは、二歳とゼロ歳の女の子を育ててて結構大変みたい。うちらの妹でもあるし、あんたが家に行って手伝ってあげれば、お母さんは喜ぶと思うよ」

それでお姉ちゃんに紹介されて、私もお母さんに会うようになったの。妹二人はガチでかわいくて、私にも懐いてくれた。

心配だったのは、お母さんがクスリの後遺症や病気で生活をするのがしんどそうで、なかなか小さな妹たちの面倒にまで手が回っていなかったこと。今の彼氏も組長の運転手だから家にずっといるわけでもない。それでだんだんと私がアパートに住んで、妹たちの世話をしてあげたいって思うようになった。

でも、施設って出たいと言って出られるところじゃないんだよね。ましてや前科のあるお母さんとヤクザが暮らしている家となれば、児相の許可が下りるわけがない。それでお姉ちゃんと話し合って、

「だったら施設から逃げちゃえばいいじゃん」ってことになった。

ある日、施設に荷物をすべて置いたまま、私はアパートに転がり込んだ。施設からは再三連絡があって、「帰って来なさい」って言われたけど、私は頑として断った。そしてこう言ったの。

「絶対に施設には帰らない。その代わり、通信制の高校はきちんと卒業する。だから、お母さんと暮らすのを認めて」

児相も施設も、そう言い張られたものだから折れたんだろうね。必ず卒業するという約束で、お母さんと生活するのを認めてくれた。

まだこっちに来て一年も経っていないけど、施設を出たのは良かったと思っているよ。施設みたいに門限六時とか、朝七時起床なんていう規則はないから、すげえ自由。家で暮らすのってこんなに楽なんだって感じてる。

それにこっちに移ってから、私の実のお父さんに会うこともできたんだ。私、物心つく前に離別してて全く記憶がなかったこともあって、せめて一度でいいから会ってみたいなって思ってた。そしたら、お母さんが連絡先を知っていてつないでくれたの。

ある日、お母さん、お姉ちゃんと私の三人でお父さんに会いに行った。お父さんは今も現役の組員で、ちょうどクスリの密売と車の窃盗で懲役七年食らって、刑務所へ行く直前だった。そんなタイミングだったから、お父さんは私の顔見て「よく来たな」って喜んでくれて、お寿司屋へ連れて行ってくれた。回らない方の寿司屋ね。

お父さん、上機嫌で小遣い三万円くれて、体の刺青まで見せてくれた。全身にすげえ立派なのが入ってて見とれちゃって、私からこう頼んだの。

「お父さん、彫師を紹介してよ。私もタトゥー入れたい」

十八歳未満でタトゥーを入れるのは違法だけど、お父さんはコネをつかって彫師を紹介してくれた。それで、私、お母さん、お姉ちゃんの三人で、その彫師のところへ行って、おそろいのタトゥーを彫ってもらうことにしたの。お母さんと私は左腕に、お姉ちゃんは胸に入れることにした。入れた文字はコレだよ。

〈Ｆａｍｉｌｙ　ｉｓ　ｍｙ　ｔｒｅａｓｕｒｅ〉

これは、「家族は私の宝」って意味。今までずっとバラバラに暮らしていたけど、ようやく一緒になることができた。だから、その喜びを彫ることにしたんだ。

今の生活は充実してるよ。建設のバイトもがんばっているし、妹の保育園の送り迎えも毎日やってる。下の子のおむつ替えも。やっていて一番楽しいのは、妹たちの洋服選びかな。私は女っぽいのにはまったく興味ないんだけど、自分の選んだ服で妹たちがきれいになるのは嬉しい。

今の目標は、早く高校を卒業して、鳶として一人前になること。二十代前半で独立できる職人さんだっているから、少しでも早くお金持ちになって、お母さんや妹たちを楽にしてあげたい。

章

稼業を継ぐ

暴力団の世界でいう「シノギ」とは、構成員たちが行う経済活動のことだ。

しばしば誤解されることだが、暴力団は、一般企業のように特定の事業を行うことを目的として構成された組織ではない。暴力団とは、いわば個人事業主が集まって結成される組合のようなものであり、構成員は各々の力で個別に生業を見つけなければならない。

構成員にとって暴力団の看板は、「代紋《だいもん》」とも呼ばれ、裏社会で身を守るために必要な印籠のようなものだ。彼らは組織に上納金を払い、事務所当番やボディガードをし、時には抗争に駆り出される代わりに、山口組だとか住吉会といった代紋を手にする。

裏社会は、弱肉強食を絵に描いたような世界だ。その中で代紋があれば、自分の暴力性を何倍も大きく見せることができるし、同じ組織の者同士で協力し合ったり、ライバルや自分に恨みを持つ者から襲われるリスクを減らしたりもできる。他の組織と共存共栄を目指す親戚付き合いもある。いわば、裏社会でのみ通じるライセンスのようなものなのだ。

こうしたシノギの大半を、現在は覚醒剤の密売で占めていることはすでに述べたが、中には正確には違法行為ではないが、昔から暴力団によって担われてきた業種や、関係性が深かい業種が存在する。たとえば、前章のエピソード2に出てきた「解体業」や「不用品回収業」がそれだ。

ビジネスそのものは合法だが、廃品や不用品を正規の手続きを経て処分するには、多額の廃棄費用がかかる。一部の悪徳業者はそれを利用し、クライアントから廃棄費用をもらいながら、山林や川に不法投棄して儲けている。こうした業者が暴力団のフロント企業になっていたり、裏でつながっていたりすることがあるのだ。

あるいは、水産加工会社が同じく暴力団のフロント企業になっているケースもある。

水産加工会社は、市場などから魚介類を購入し、それを加工して販売することで売り上げを出す。だが、業者の中には、暴力団とつながりを持ち、彼らが密漁して来たナマコやアワビといった高級魚介類を、市場価格より安い値段で仕入れ、通常以上の儲けを得ているところがある。

ここからわかるように、世の中には表の社会と裏の社会をつないでいるような悪徳業者が少なからずあり、そこに暴力団の影が見え隠れする。正業の顔を持ちつつ、裏で暴力団とつながって違法行為に手を染めているのだ。

暴力団の家庭に光を当てて見えてくるのは、こうした悪徳業者にかかわる構成員たちは、表向きは合法ビジネスであるため、子供にビジネスを手伝わせたり、継がせたりすることが少なくないということだ。覚醒剤の密売などと違って、子供を巻き込むことにさしたる罪悪感がないのだろう。

子供の方も、幼い頃から父親の背中を見ているので、そうしたビジネスをすることへのハードルが低く、時には憧れさえも抱く。子供にとって、将来の選択肢の一つとなり得てしまうのだ。

暴力団がかかわるグレーのビジネスの中で、子供はどのような体験をし、ビジネスに巻き込まれ、そしていかなる稼業を継いでいくのか。そのことについて見ていきたい。

5　右翼は仕事じゃなく趣味

栃木県宇都宮市に、不良たちから「スラム」と呼ばれていた公営団地がある。

ここには元々、市内の工場に勤める労働者が多く住んでいたが、低所得者層の入居が優先されるため、いつしか無職の高齢者、非正規の片親家庭、生活保護受給家庭などが多くを占めるようになったという。近年は低所得の外国人の姿も目立つらしい。

この団地がスラムと呼ばれるようになった背景には、貧しい住民が多いだけでなく、劣悪な家庭の子供たちが団地の公園や駐車場にたむろしているうちに不良グループを形成して治安を悪化させたことが挙げられる。深夜零時を過ぎても、暗がりに十代の子供たちがうろつき、恐喝、引ったくり、暴走行為といった事件が頻発する。

　周辺に暮らす人々は、こんなふうに言ったそうだ。

「あの団地には近づくな。不良やチンピラがたくさんいて、夜は警察も寄りつかないから、何をされるかわかったもんじゃない。特に子供や女性は昼間でも近づくな」

　地域全体に、団地やその住民を遠ざける空気があったのである――。

街宣車で出張

　一九八〇年代、この団地に伊岡勝次郎という男が妻とともに暮らしていた。

　勝次郎は、戦後も間もない頃に山形県で生を受けた団塊の世代だ。幼少期から頭脳明晰で、地元の国立大学に入学した。当時盛んだった学生運動は左翼思想が中心だったが、彼は反対の右翼思想にかぶれるようになっていく。

　大学時代は教育職員免許状（教員免許）を取得したものの、政治活動にかかわりたいという気持ちがあったのだろう、卒業後にしばらくフリーターをした後、右翼団体J会に参加した。

J会は埼玉県を拠点にする、そこそこ大きな組織だった。入ったばかりの頃は初代会長の付き人を務めたが、その知性が買われたのか、組織内の実務を任されるようになっていく。そして三十歳を過ぎた時には、J会栃木県総本部長に任命され、宇都宮へ派遣された。

勝次郎にしてみれば、待ちに待った大きなチャンスだったはずだ。これまでJ会は栃木県での活動実績がほとんどなかったため、ここで勢力を築くことができれば、組織の中でも確たる地位が保証される。

彼は宇都宮に骨を埋めるつもりで、地元の久美という名の女性と同棲をはじめる。久美は既婚で三人の子供がいたが、夫婦関係が壊れていたことから家を飛び出して、勝次郎と内縁関係になった。そんな二人が新生活をスタートさせたのが、冒頭の団地だったのである。

一九八七年、勝次郎と久美の間に、長男の拓司が生まれる。当時、勝次郎は四十歳くらいでJ会の右翼としてもっとも脂の乗っていた時期だった。拓司によれば、両親から政治思想を教え込まれた記憶はなかったが、どこか他の家庭の両親とは違うという感覚があったそうだ。

それは、毎月のように両親が一～二週間にわたって家を不在にしていたためだ。後で知ることになるのだが、二人は同じ街宣車に乗って、北関東から東北一帯を回り、活動資金を集めていたのだ。

ここで右翼の経済活動について述べておきたい。右翼の活動と聞いて思いつくのは、街宣車による政治活動だが、それ自体が利益を生むものではない。そのため、メンバーはそれぞれのやり方で別に資金を調達しなければならない。

右翼の中でも合法的な活動を目指す人は、他に正業を持っていたり、スポンサーから援助をもらったり、勉強会等のイベントをしたりして収入を得ている。一方で、暴力団がフロント団体として右翼を結成しているケースでは、恐喝がその手段となる。政治活動を名目に企業や団体を脅迫して金を奪い取るのだ。

J会は暴力団傘下の組織ではなかったが、勝次郎は暴力団に負けず劣らずの強引な資金集めをしていたようだ。社会には裏社会に片足を突っ込んでいるようなグレーの企業、団体、政治家などがいくつもある。勝次郎は暴力団とのつてを使ってそれらを割り出し、毎月数万円から十数万円の資金提供を求めた。応じなければ、街宣車で都合の悪い事実を暴露するとか、悪評をバラまくと言われるので、大半が嫌でも応じる。

勝次郎は妻とともに街宣車に乗り、そうやって北関東から東北を回っていたそうだ。それだけで月に二百万円くらいの金が集まり、その一部が家族の家計にもなっていた。

拓司は言う。

「小学生の低学年の頃は、両親からは〝出張〟に行ってるって説明されていました。だから僕としては両親が一緒に何か商売をしているんだろうなという感覚でした。

〝出張〟の日が近づくと、両親から何千円か渡されて、仕事が終わって帰って来るまで一人でやっていけって言われました。でも、小学生がお金持たされたって、ちゃんと計画的につかって飯を食っていくのは難しいですよね。第一、いつ両親が帰って来るのかわからないし。数日でお金を使い果たして飢えることもありました。

助かったのは、同じ団地のおっちゃん、おばちゃんたちがいい人だったことですね。俺が置き去りにされて困っているのを見ると、心配してやって来て夕食を分けてくれたり、学校へ送ってくれたりした。時には家に泊まらせてもらったこともありました」

だが、拓司は大きくなるにつれ、両親の活動が社会的に嫌厭されているものであると気がつく。

両親は団地の前に堂々と街宣車を停めていたし、何度か恐喝で逮捕されて新聞沙汰になったこともあった。そのため、近隣住民はみな、勝次郎が右翼だと知っており、その噂は学校の教師や保護者にまでつたわっていた。そうしたこともあって、気がついた時には腫物に触れるような扱いを受け、陰で「拓司君とは付き合うな」と囁かれていた。

そんな中で、拓司が団地の公園や駐車場でたむろする家庭環境の悪い子供たちと仲良くするようになるのは必然だった。そうなれば、すぐに年上の子たちが煙草や万引き、自転車の窃盗などを教えてくる。学校の勉強より、それらははるかにスリリングで魅力的だった。

拓司は言う。

「月の半分近くは、家に両親がいませんでしたし、帰って来てもしょっちゅう夫婦喧嘩していたんで、とにかく家にいるのが嫌でした。よく声をかけてくれた近所のおっちゃん、おばちゃんたちの存在もうざったく感じるようになった。それで学校が終われば団地のたまり場へ行って仲間とつるんで、夜まで過ごしていました。親がいない日は、よく泊まらせてもらってました。同じ団地なんで、友達の親も、うちの両親がいないのを知っているんで普通に受け入れてくれるんですよ。

小学校の高学年くらいからは、夜中にチャリンコに乗って宇都宮インターチェンジ近くの広場へ行って、暴走族の集会を見物していた。友達の兄貴がバイクに乗って派手に遊んでいたんで、歩道からそれを見て『○○君！』とか叫んで応援するんです。そこらへんかな、だんだんと不良の世界に興味を持ちはじめたのは。かっこいいというより、あそこなら受け入れてもらえるだろうっていう感覚でした」

学校の教師や保護者は、拓司の親が右翼だと知った途端に汚いものを見るような目で見てきたが、不良や暴走族の先輩たちは逆に「すげえじゃん」「街宣車って車内はどうなってんの？」と目を輝かせてくれる。それは、拓司にとって自分の出自を肯定してくれることに等しかった。

ヤクザと暴走族のねじれた関係

小学校の卒業式を間近にした日、勝次郎が家に帰って来るなりボソッと言った。

「父さん、Ｊ会を辞めたから」

右翼団体Ｊ会を脱退したというのである。

原因は、Ｊ会のトップである会長が引退し、二代目会長への代替わりが決まったことにあった。勝次郎は初代会長を心の底から敬愛していた分、二代目会長に同じくらいの大きな思いでついていける自信がなかった。それでＪ会に迷惑をかけるならと考え、初代会長の引退と同時に身を引くことにしたのだ。

勝次郎は第二の人生をカタギとして生きるのではなく、右翼時代から交友のあった暴力団構成員を介してＶ組の三次団体に入ることを選んだ。そして、家族を置いて一人で三次団体の組事務所のある東京へ移り住んだ。宇都宮ではD会の勢力が大きかったため、東京に拠点を移した方がいいという判断があったのだろう。

中学生になった拓司は、怖い勝次郎の目がなくなったことで、非行に拍車がかかっていった。盗んだバイクにまたがって暴走族の集会に参加し、週末となれば市外まで「遠征」に行った。正式なメンバーではなかったが、名前を広めるために他のチームとの抗争では、いの一番に突っ込んで行った。

定時制の工業高校へ進学した後、拓司は自ら暴走族を立ち上げた。とにかくバイクで走るのが好きで、それを親しい仲間と好きなだけやりたいという気持ちだった。

暴走族をはじめて感じたのは、暴力団との切っても切れない関係だった。宇都宮市内の暴走族は共存共栄のために連合体を組んでいたのだが、D会の二次団体に一人当たり毎月五千円を払わなければならなかった上、年末には組織のカレンダーを百～二百部も売りつけられた。一部五千円だったので、二百部なら百万円。地元の中学生に転売したが、余った分は自腹になった。

拓司は言う。

「うちの父はずっと右翼をやっていて、ヤクザになった後は東京に行っちゃったんで、ヤクザがどういうものかはわかってなかったんですよ。中学くらいまでは、漠然と喧嘩が強くてかっこいい人たちなのかなって思っていた。でも、族をはじめてからは、マジでヤクザが嫌いになりましたね。

何にもまして嫌だったのが、ヤクザが俺たちガキから常に口実をつけて金を吸い上げようとするところです。高校時代は金がなかったんで、高一の時は動物園でバイトして、高二からは高校の推薦で日中は県庁の臨時公務員をやって生活費を稼いでたんです。高校の推薦を受けた生徒が一学年二名まで県庁で働けるシステムがあって通ったんです。

そうやって必死になって貯めた金なのに、ヤクザは『集会をするなら金を出せ』『年末だからこのカレンダーを買え』と押し売りみたいなことをしてくる。すげえダサいじゃないですか。こんなのがヤクザっつうなら、俺は絶対にこいつらみたいにはなりたくねえなって思いました」

もう一つ、拓司が暴力団への嫌悪感を膨らませることになったきっかけが抗争事件だ。

ちょうど高校時代に栃木県を実質支配していたD会と、関東に進出して来たV組の間で大きな抗争事件が勃発した。数カ月にわたって県内のあちらこちらでダンプカーが事務所に突っ込んだり、拳銃による発砲事件が起きたりして、複数の人命が失われた。

だが、市内にいる構成員は、D会であっても、V組であっても、同じ地元の人間で生まれ育った先輩後輩の関係だ。それが組織の一方的な事情で、やりたくもない殺し合いをし、場合によっては二十年も三十年も懲役にいかなければならない。暴力団のやっていることが馬鹿らしく思えてならなかった。

高校三年の夏休み、拓司はそんな暴力団と直接ぶつかる。夜、暴走族のメンバー四人と単車に乗って街を走っていたところ、一台の黒塗りのセダンが近づいて来て仲間二人をはね飛ばした。明らかに故意の事故だったが、あまりにも突然で何が起きたのかわからなかった。

黒塗りのセダンが停まり、暴力団風の男が窓から顔を出した。彼は拓司たちに向かって叫んだ。

「ガキども、邪魔なんだよ！　族のくせに、でけえツラして走ってんじゃねえ。俺は、V組のもんだ。次うろうろしてたらしばき倒すぞ！」

先述の抗争事件をきっかけに、宇都宮にはV組の構成員が急増していた。V組の構成員は、地元の暴走族はD会の息のかかった人間だから、痛い思いをさせてやろうと思ったのだろう。

拓司は、これまで溜め込んでいた暴力団への不満をいっぺんに爆発させた。なんで理由もなく仲間が車ではねられなければならないんだ。拓司は黒塗りのセダンに飛びかかると、運転席からV組の構成員を引きずり出して、殴る蹴るの暴行を加えた上、単車で何度も轢いた。構成員は瀕死の重傷を負った。

後日、警察は拓司を傷害罪で指名手配し、逮捕した。鑑別所に五十日間入ることになったが、たまたま夏休みに入ったばかりだったので、高校の欠席日数は二週間で済むことになり、留年は免れた。

九月の半ば、拓司は鑑別所から出た。そんな彼のもとに、地元のD会の構成員がやって来て言った。

「おまえ、V組の奴を半殺しにしたんだってな。すげえじゃねえか。うちの親分も認めてるよ。高校を卒業したら、うちに来ないか」

暴力団へのスカウトだった。

拓司は丁寧に申し出を断った。その心境を、彼は次のように述べる。

「やっぱりヤクザへの嫌悪感がなくならなかったんですよ。ヤクザをやっている親父に対しても同じような気持ちでした。D会にしても、V組にしても、年寄りたちが昔の威光で女子供をいじめて金を吸い上げているだけ。俺のダチがやられたのだって、結局同じことでしょ。そんなのクズのすることじゃないですか。自分がそれをやろうとは、これっぽっちも思いませんでした」

拓司は鑑別所を出てけじめをつけるためにきっぱりと暴走族を辞めた。そして真っ当に生きようと考え、大学進学を決意する。

かつての不良仲間と右翼を結成

　高校卒業後、拓司が進学先として選んだのが、宮城県にある短期大学だった。定員割れしていたこともあり、合格するのにほとんど学力はいらなかった。県外へ行ったのは、カタギになるには地元の不良仲間とのつながりを絶つ必要があると考えたからだ。

　短大での専攻は保育で、途中で四年制大学に編入して教員免許を取得することも考えていた。父親の勝次郎が教員免許を持っていたので、漠然と教育関係に進みたいという思いを抱いていた。勉強も嫌いではなかった。

　志を抱いて入学した短大だったが、学生生活は想像とはまったく異なった。学生は女子が九割を占めていたことから、あらゆることが女子高の延長線のノリだった。クラスの生徒たちはいくつかのグループに分かれて、お互いの悪口を言い合い、陰湿ないじめをする。その内容も、「靴を隠す」「ロッカーにゴミを入れる」「自転車のサドルを外して隠す」など小学生がするようなことばかりだった。

　拓司はそうしたことが目の前で行われるのが不愉快で、クラスの女子学生たちに言った。

「おまえら、くだらないことは止めろ。そんなことしてもだせえだけだろ」

　目障りで黙っていられなくなったのだ。

　だが、女子学生たちは拓司が敵に回ったと思い込んだらしく、彼にまで意地悪な態度を取るようになった。コソコソと陰口を言い、教授や講師に悪口を吹き込む。拓司はこんな人間たちの中で真面目に勉強しているのがバカバカしくなり、前期が終わってすぐ短大を中退した。

目標を失った拓司は宇都宮へ帰り、知人の経営する自動車販売会社で営業の仕事に就いた。だが、その仕事に興味があったわけではなく、数カ月で飽きて退職した。ずっと気持ちが切れた状態だったのだろう。

久々に、父親の勝次郎が連絡をしてきたのは、そんな時だった。勝次郎は言った。

「短大を辞めてブラブラしてるんだってな。暇なら、J会の二代目会長に会いに行かないか」

二代目会長とは、幼い頃から何度か顔を合わせたことはあった。

「なんで？　親父はJ会を辞めたんじゃないのか」

「ちょくちょく連絡は取っているんだ。少し前に電話があって、二代目がそっち(栃木)の温泉に泊まってゴルフをしているらしい。おまえ、昔いろいろとかわいがってもらったのを覚えているだろ。挨拶しておけば、何か仕事でも紹介してもらえるかもしれないぞ」

することもなかったので、拓司は父親から勧められるままに、J会の二代目会長が宿泊している温泉を訪れた。

旅館では、二代目会長が歓迎してくれた。何度も肩を叩いて「ずいぶん立派になったな」と目を細めた。子供時代から知っていたので、大きくなった親戚の子供と再会するような感覚だったのだろう。

拓司も覚えてもらっていると知って嬉しかった。

　この日、二代目会長は拓司を食事の席に招いた。彼は酒を酌み交わしながら言った。

「拓司君さえよければ、J会に入らないか？　親父さんがうちを辞めてから、栃木支部を担う人材がいないんだ。君なら必ずやっていけると思う」

　拓司は暴力団からは距離を置いていたが、右翼に対しては嫌なイメージはなかった。それなりに政治のことを真剣に考えているし、女子供をいじめて金を取っているわけでもない。急に興味がわきはじめた。

「俺、政治のこと何も知らないけど、いいんですか」

「しばらく俺についていて勉強すればいい。拓司君のお父さんだって初代からいろいろと教わって立派になったんだから」

「わかりました。お願いいたします」

　この出会いを機に、拓司は埼玉のJ会本部で二代目会長の付き人として見習いをはじめた。仕事内容は、車の運転、スケジュール管理、会合の予約手配などあらゆることだ。拓司は二代目会長と行動を共にする中で、組織内外の有力者と顔を合わせた。勝次郎を覚えている人もいたため、人脈は日に日に広がっていった。

ある日、二代目会長は拓司を呼んで言った。

「正式に栃木の支部の責任者をやりなさい。君の親父さんの後を継ぐんだ」

まだJ会に入って一年も経っていない。拓司が不安を打ち明けると、二代目会長はきっぱりと言った。

「拓司君くらいマジメなら十分やっていけるはずだ。最初は大変だろうから、私ができる限りのサポートをする。がんばりなさい」

拓司はこれだけ早く認められたのが嬉しく、話を受けることにした。

宇都宮にもどった拓司は、地元の仲間たちに声をかけ、二十人ほどのメンバーを集めてJ会栃木支部を復活させた。父親が辞めてからおおよそ十年が経っていた。

彼の言葉である。

「メンバーは中高時代の友達がほとんどです。みんな族を引退して、カタギの仕事に就いていたけど、バラバラになっちゃっていた。だから、何かしらの名目でつるめるような機会が欲かったんです。俺らの場合、それがたまたま右翼だったんです。

そういう意味では、右翼って便利な組織だと思います。上の人間の不条理な命令で抗争に駆り出されることもないし、暴対法の対象になることもない。ヤクザはやりたくないけど、昔の仲間と集まりたいという感覚でやれるんです。

俺としてはそんなメンバーの思いに応えるため、右翼につきものの恐喝行為はやらないようにしました。メンバーには土木とか解体とか正業についてもらって、土日だけ活動に参加してもらうんです。会費は月に二万円で、それが支部の活動費になりました」

元暴走族のメンバーにしてみれば、右翼の特有の制服を身につけ、街宣車を乗り回す活動は、青春を思い出させてくれる行為だった。

二代目会長も、そんな栃木支部の活動を全面的にバックアップしてくれた。支部の活動に必要なものは無償、もしくは格安で提供してくれたし、本来は毎月納めなければならない本部への会費（五万円）も免除にしてくれた。それだけ拓司に期待するものがあったのだろう。

拓司は言う。

「今の時代、右翼団体に入るメリットは、経済的な面ではまったくありません。親父やお袋の時代みたいに街宣活動をつかった恐喝はほとんどできなくなりましたし、ヤクザみたいに代紋をつかってシノギをするわけじゃありませんから。

会費を払っても、それが収入に結びつくことはありません。むしろ、月に何度かJ会本部の活動として祭りでテキヤをやったり、酉の市で熊手を売ったりしなければならないんですけど、売り上げはすべてJ会本部の資金になるので、俺らからすれば完全にボランティアです。

だから、右翼の人は、ヤクザ系の人間以外は大体貧乏ですよ。対外的には格好つけていても、大抵裏ではヒーヒー言ってます。それでもつづけるのは、純粋に仲間とつるんだり、勉強したりするのが楽しいからじゃないですかね」

拓司は、右翼を口実に昔の仲間と集まるだけでなく、政治の勉強にものめり込んだ。J会では東京の明治記念館など由緒ある施設で、定期的に勉強会を行っていた。毎回様々な講師が呼ばれ、元航空幕僚長の田母神俊雄や、全国的に有名な右翼系暴力団の大幹部がやって来て、世界情勢から日本の政治、それに歴史認識などを細かく講義する。

勉強が好きな拓司は、毎回メンバーとともに参加してメモを取り、終わってからは討論をした。短大代わりに、ここで勉強したいという思いがあった。親睦会では、いつも真っ先に講師のもとへ挨拶へ行き、いくつも質問を投げかけた。こうしてみると、右翼の活動は、勉強をしたくてもできなかった元不良たちの知識欲を満たす役割を果たしている側面があるのかもしれない。

拓司は言う。

「勉強した中で一番関心があったのが、教育問題や家庭問題でした。俺、ずっと短大を辞めて教師になる目標を捨ててしまったことを後悔していたんです。本当は教師として子供とかかわりたかった。だから、J会で勉強しているうちに、いつか政治結社としてそれらの問題に携わろうと考えるようになったんです」

　おおよそ七年にわたって、拓司はＪ会栃木支部の本部長として、それなりに充実した日々を過ごした。だが、二十六歳になった年、拓司はＪ会を辞めることを決める。二代目会長が引退し、三代目に代替わりすることになったためだ。二代目会長に目をかけられて入った経緯もあって、それ以外の人間の下で右翼をやっていく気持ちにはなれなかった。奇しくも、父親と同じ辞め方だった。

　これ以降、拓司は右翼ときっぱりと関係を絶ち、建設会社に就職して真面目に働いた。これと決めたら、それにまい進する一本気な性格なのだろう。約三年の会社勤めの間にいくつもの資格を取得し、三十歳で、建設会社を興して独立した。現在は複数の従業員を雇って、各地の現場を飛び回る日々だ。

　拓司は自分の人生をこう表現する。

「暴走族に、短大に、右翼に、いろんなことやってきましたね。我ながら、それなりの器用さがあったのかもしれません。今振り返れば、俺も親父の影響は少なからず受けていたと思いますね。ただヤクザだけは別で、あれには惹かれなかった。親父は未だにＶ組に籍を置いているみたいですけど、詐欺で捕まってずっと懲役に行っていて、今は引退同然みたいです。そうした老後の姿を見ていると、やっぱりヤクザはやらなくて正解だったって思いますよ」

　現在、拓司は三十二歳。二十九歳で結婚をし、子供が一人いるという。会社を独立した際に授かった子供で、妻は第二子を身ごもっている。

拓司は言う。

「妻は妊娠中なんですけど、離婚調停中なんですよ。夫婦喧嘩で頭にきて殴ったら、DVで訴えられちゃった。まぁ、仕方ないですね。第二の人生もがんばりますわ」

拓司は離婚などお構いなしとばかりに笑い飛ばした。そんな気性は、父親譲りなのかもしれない。

6 十九歳で二児の母、夢は古紙回収業

東京の立川市は、昔からD会の二次団体の縄張りだった。この組織は他にも、国立、昭島、福生、青梅、それに埼玉県の一部にまで大きな影響力を及ぼしていた。

この地域の不良たちにとって、D会は身近な存在だ。不良グループから暴走族へ、そして暴力団へと反社会のエスカレーターが用意されているし、そうならなくても夜の街で遊んでいてD会の構成員

に遭わない日はなかった。挨拶を交わしていくうちに、いつしか組織の人間関係に染まり、男は利用され、女はその妻や愛人となっていく。

松島一恵の両親もそうだった。

父親の紀夫は地元では有名な不良で、中学時代から傷害事件を何度も起こし、卒業後は地元の暴走族へ加入。十八歳で引退してからは、先輩の誘いを受けてD会の傘下組織の盃を受けた。

同級生だった母親の美奈子も、幼い頃から札付きの不良少女だった。小学生の頃にはシンナーに手を染め、中学に入って間もなく覚醒剤を覚えた。高校は卒業せず、暴走族の集会と覚醒剤に溺れる日々。十七歳でトラック運転手と結婚したものの、喧嘩ばかりで二年で離婚。

その後、美奈子は紀夫と知り合って再婚する。すでにD会の構成員となっていた紀夫は、美奈子とともに覚醒剤の密売を手がけた。

一九九五年、二十二歳の二人の間に生まれた長女が一恵だった。だが、家族三人の暮らしは長くはつづかなかった。

ある日、紀夫は組織の親分から命じられ、衣服をクリーニング店に出しに行くことになった。免許停止中だったが、親分に逆らうわけにいかず、組織の車を運転して出かけたところ、途中で交通事故を起こしてしまった。車は大破し、相手の一般人にも大怪我を負わせた。

警察は紀夫が構成員であるのを知ると、ほとんど嫌がらせ同然に事務所に対する家宅捜索を行った。事故とは無関係にもかかわらず、事務所にあったものが証拠品という名目で押収された。

これに激怒したのが親分だった。紀夫に向かって言った。

「誰のせいでこうなったと思ってんだ。くだらねえ事故起こしてカタギの人間に怪我させたばかりか、警察にまで好き勝手やらせやがって。うちの組への慰謝料を払え！」

親分は八つ当たりのように紀夫に多額の支払いを求めたのだ。

紀夫は納得がいかなかった。親分の命令で運転をして起こした事故なのに、なぜ自分だけに責任が押しつけられるのか。彼はこの一件で暴力団に嫌気が差し、脱退を決めた。

だが、暴力団を抜けた元構成員が直面する現実は厳しい。正業に就くことも、裏稼業をすることもできず、街では他の構成員に顔を合わせないように逃げ回らなくてはならない。そのため、紀夫は朝から晩までよその街のパチンコ店を回り、小銭を稼げば現実を忘れるように酒を飲んだ。

こうした生活に憤りを覚えたのが、妻の美奈子だ。暴力団からの脱退はやむをえないにせよ、ちょうど二番目の娘を身ごもっていたことから、紀夫には家庭のためにしゃにむに働いてもらわなければならなかった。だが、いくらそのことを言っても、行動に移そうとしない。

あきれ果てた美奈子は言った。

「もう別れよう。あんたといても、生きていけなくなるだけ」

離婚を突きつけられた紀夫は家から出て行った。

こうして、美奈子は二児を持つシングルマザーとなったが、正業に就いて子育てに生きがいを見いだすタイプではなかった。それまでに培った裏社会のつてを使い、前夫なしで覚醒剤の密売を一人でやることにしたのだ。

一恵は振り返る。

「お母さんは、その頃住んでいたマンションをアジトにしていた。毎日のようにお客さんがうちにやって来て買っていったり、その場でやったりするの。たぶん、私や妹が小さかったから、家の中で商売をしていたんじゃないかな。今にして思えば、お母さんは結構やり手だったんだと思う。車はクラウンに乗っていたし、食事はいつもレストランや居酒屋で外食だった。

ただ、お母さんは中学時代からのポン中だから、日常生活はメチャクチャだった。一応、娘に見せまいとトイレでやっていたけど、テーブルや床には注射器が転がっていたし、トイレから出て来たら目をギラギラさせていた。キマっている時は何時間も服を手洗いしたり、同じ服を何十回もたたんだりしていたからすぐわかったよ。あー、またキマってるんだ、みたいな」

一恵の記憶によれば、マンションにやって来る客の中には暴力団構成員が相当数いたようだ。彼女はつづける。

「マンションにはヤクザ風の人がしょっちゅう出入りしていて、刺青のない人の方が珍しかった。私は刺青に興味あったから、遊びに来る男の人に『背中の絵を見せて』ってねだってた。みんな私のことかわいがってくれて、お母さんがいない時は一緒にお菓子を食べたり、テレビを見たりしていたかなぁ。たぶん、あいつら、私の面倒を見ていれば、お母さんが、クスリを安く譲ってくれると思っていたんだよ。だから、私にはお父さんがいなかったけど、たくさんの男の人に囲まれてかわいがられた記憶はあるんだ」

美奈子は覚醒剤の密売をするにあたって、D会の構成員をパートナーにして後ろ盾になってもらっていた。その時々で相手の男は変わったが、ことごとく背中には和彫りの刺青が入っていたそうだ。それだけ暴力団との関係が深かったのだろう。

当然のことながら、地元の警察は美奈子をマークしており、時にはマンションに家宅捜索に押し入って来た。美奈子はそれを承知の上で、あの手この手で覚醒剤を隠していた。

一恵が覚えているのが、ジュースのアルミ缶を加工する方法だ。プルタブは開けずに、アルミ缶の上の部分をカッターで二つに切断する。中身のジュースを捨て、空になった缶の中にビニールにつめた覚醒剤を入れて、水を足した後、切り離したアルミ缶を接着剤でくっつける。見た目は未開封の缶ジュースだが、中身は覚醒剤というわけだ。

その他、冷凍庫の食品に混ぜる方法だとか、一恵たち娘の学校の鞄に隠す方法だとか様々だった。売人仲間から聞いたり、自分で考え出したりしていたのだろう。一恵は子供ながらに、よくここまでアイディアが出るなと呆れて見ていたそうだ。

しかし、警察の目はそこまで節穴ではない。一恵が小学四年生の時、マンションに家宅捜索にやってきた警察官たちがついに隠していた覚醒剤を発見した。美奈子は執行猶予を受けていたことから、実刑が下された。

母親が刑務所に収監されたことで、一恵は妹とともに離婚した父親の実家に預けられた。離婚した父親のところに相談がいった際に、児童養護施設に行かせるよりはいいという判断だったようだ。

実家には祖父母が暮らしていたが、父親の紀夫は相変わらず遊び歩いてばかりで帰ってこなかった。そのぶん、祖母には、自分が親代わりとなって厳しく育てなければならないという思いが強かったらしい。それまでまったくしつけがされていなかった一恵の生活態度を嘆き、食事作法から言葉の使い方、それに勉強までを徹底的に教え込もうとした。

一恵にしてみれば、いい迷惑だった。母親といた時は好き勝手できたのに、実家に来た途端に口を酸っぱくして叱られ、同じことを何度も指導される。一恵は祖母と顔を合わせるのが嫌になり、放課後は公園やコンビニの前でたむろする年上のグループとつるむようになった。

そんな子供たちの中には、中学生の不良も混ざっていた。彼らにしてみれば、小学生の一恵は妹のような存在だったにちがいない。夜になると、近所の歓楽街に連れ出すこともあった。

初めて歓楽街のネオンを見た途端、一恵は心を奪われた。まるでおとぎの国に迷い込んだかのような気持ちで夢見心地になった。

――この世に、こんなきれいな街があるなんて。ここで生きていきたい！

夜の街に魅了されたのだ。この日から毎日、一恵は年上の先輩にねだり、歓楽街へ連れて行ってもらった。

一恵はこう語る。

「みんな小学生から中学生だったから、遊ぶったってかわいいもんだったよ。夜中の誰もいない公園や神社で鬼ごっこをして走り回って、ヘトヘトになったら先輩が持ってる煙草を回し吸いするの。それで誰からともなく『街に行こうぜ』ってなってネオン街をブラつくんだ。夜の街には、私たち以外にも似たような子供がいて、だんだんと友達も増えていった。

夜遊びについては、おばあちゃんによく怒られたよ。でも、私は知ったことじゃねえって態度だったね。迷惑をかけてるって気持ちはまったくなかった。だって、おばあちゃんは本音じゃ私たちを引き取りたくなかったんだもん。お母さんが捕まったし、お父さんがだらしないから、仕方なく面倒をみることになったんだって言ってた。私としては、だったらあれこれ言わねえで、好きにさせろって感じだった」

この頃の一恵は、まだ自分がレールの外に足を踏み出していることを自覚してはいなかった。

別次元の快楽

母親の美奈子が刑務所を出所したのは、一恵が十二歳の時だった。彼女は父親の実家から一恵と次女を引き取り、逮捕前から付き合っていた男のマンションに転がり込んだ。

男は谷口守という名前で、美奈子より十六歳年上の五十歳だった。暴力団構成員だったかどうかは不明だが、頭の回転の速さと法律の知識を武器に、裏社会の人間から寄せられる相談を解決して手数料をもらう仕事をしていた。

たとえば、風俗店で働く女性から、給料の未払いについて相談を受けたとする。守はその店に押しかけて事実を問いただして責任を認めさせた上で、他の従業員からも未払いの相談を受けているとか、今後は自分にもみかじめ料を払えなどと口実を付けて多額の金を奪い取るのだ。店側も弱みを握られているので、警察沙汰にできない。

また、保険会社の悪徳社員と組み、多重債務者やホームレスといった人を脅して、意図的に事故を引き起こすこともあった。あらかじめ保険をかけておいて多額の金をだまし取り、悪徳社員と山分けするのだ。

このようにあらゆる手口で金をむしり取るのだが、あまりに容赦なく相手を追いつめるため、自ら命を絶った人もいたという。

一恵は言う。

「守さんから私が何かされたことはなかったけど、マジでやばいくらい怖い人だった。ほんのちょっとしたことであっても、相手を限界まで追い込まなければ気が済まないの。

覚えているのは中学時代のこと。私、友達と一緒に遊んでて、学校の窓ガラスを割っちゃって、先生に親を呼び出されたの。そしたら、守さんが学校にやって来て、先生に対して『生徒がガラスを割ったのは、先生がきちんとコントロールできてないからだろ』とかなんとか言いがかりをつけて、先生たちに頭を下げさせた。これ、ビジネスだったら、指を五本落としておとしまえをつけろとか、それが嫌なら何千万円支払えみたいなことを言っていたと思う。そういう人だった」

美奈子にしてみれば、守は心強いパートナーだっただろう。彼女は守のマンションで暮らしながら、悠々自適に覚醒剤を楽しむ日々を過ごしていた。一恵が大きくなっていたためか、覚醒剤を打つのを隠そうともしなくなっていた。

週末になると、美奈子は一恵を地元の友達との飲み会へ連れて行った。店にいたのは、大概D会の構成員か、覚醒剤関係の仲間だった。一恵にとって覚醒剤も暴力団も日常だったので、恐怖感はなく、むしろ大人になったような気分で楽しかった。

一恵が初めて覚醒剤の味を知ったのもこの頃だ。次のように述べる。

「お母さんがクスリをやっておかしくなっているのをずっと見てきたでしょ。こういう家の子供って、クスリを嫌いになるか、興味を持って好きになるかどっちかなんだ。私はやっちゃう方だった。お母さんがあんなに気持ち良さそうにしているなら、どんなにいいんだろうって考えてて、やる機会をうかがってたの。

中学三年のある日、地元の先輩と遊んでいたら、いきなり『一恵もやってみる?』って誘われた。私にしてみれば、待ってましたーって感じで、その場でアブリ（火であぶって煙を吸う）でやってみた。気持ち良いの何のって、もう別次元の快楽だったね。それからドハマりしちゃって、一カ月後にはポンプ（注射器）を打つようになった」

　中学卒業後、一恵は周りに合わせて高校に進学したものの、勉強をする気は微塵もなかった。覚醒剤を打つことができれば、それ以外のことはどうでもよくなっていた。

　そんな頃、美奈子は守との関係がうまくいかなくなり、別れ話が出はじめていた。ただ、今住んでいるのは守のマンションなので、別れるとなれば母親とともに出て行かなければならない。美奈子は別の男と恋仲になり、守のマンションから出て行く準備を進めていた。

　ある日、美奈子は、一恵と妹を呼んで言った。

「私は、このマンションを出て行くことにした。私は新しい彼氏のマンションに移ることにするけど、彼からあんたらには来てほしくないって言われた。だから、あんたら二人は、実家で暮らしてくれない？」

　新しい恋人は、美奈子より二十歳以上年上の六十代後半のD会の構成員、菅原文明だった。一恵は「なんでこんな年寄と」と思ったが、覚醒剤つながりだと考えれば納得がいった。覚醒剤がいつでも手に入り、用途が同じならば、相手は誰だって構わないのだ。

　次女は実家で暮らすと言ったが、一恵は祖父母と住んで自由を奪われることを嫌い、一人暮らしをすることにした。彼女は言った。

「私、高校を辞めて家を出て独りで生きていく」

「金は？」

「自分でどうにかするよ。母さんの名義でアパートだけ借りて」

一恵は、母親にアパートを借りてもらうと、高校を中退し、荷物の配送のアシスタントの仕事に就いた。給料は二十五万円ほどで、一人で生活していくには十分なはずだった。しかし、覚醒剤の常用者となっていた彼女には、それだけではまったく足りない。覚醒剤だけで月に三十万～四十万円分をつかっていたのである。

そこで一恵は配送の仕事をする一方で、夜に中学時代の仲間とともに車上荒らしと売春詐欺をはじめた。

車上荒らしは、近所の有名な心霊スポットで行った。夏の夜には、車を駐車場に停めて、大学生や会社員のカップルたちが幽霊が出ると言われる暗がりに出かけていた。一恵たちは原付で駐車場を回って、荷物が置きっぱなしになっている車を探した。ターゲットの車を見つけると、フロントガラスにタオルケットを押しつけてから金槌で割り、素早く車内の荷物を持って逃げる。駐車場には防犯カメラがなく、フロントガラスが割れる音もしないので、捕まることはなかった。

売春詐欺の方は、流行っていた「出会い系サイト」を利用した。一恵が女子高生と称して嘘のプロフィールと写真を載せると、一晩で何百通という男性からのメールが届いた。一恵はその中からだましやすそうな会社員を選んで、駅前で待ち合わせ、近くのラブホテルへ入る。彼女は「先にシャワーを浴びて来て」と言い、男性がバスルームにいる間に、財布を奪って逃げる。会社員たちは、買春をしている後ろめたさから、誰一人として警察に名乗り出る者はいなかった。

一恵は言う。

「こうして手に入れた金は、ほとんどっていうか、全部クスリにつかってたね。金を手にすればするだけ、クスリを買っちゃうの。仕事の時以外はキマってない時がなかったくらいだった。十四歳の時からそうだったし、お母さんも含めて周りの人がみんなそうだったから、当たり前って感じだった」

覚醒剤づけの日々から、一恵が脱したのは、十七歳の時だった。一歳年上の男性との間に、子供ができたのだ。妊娠が判明した当初から、つわりが激しく何日も寝たきりになっているうちに、覚醒剤をやりたいという衝動が消え失せた。

その後、長男を出産、一年後には次男を妊娠した。この時も妊娠中のつわりや、育児の忙しさが重なって、自然と覚醒剤から距離を置いた。

図らずも、一恵は三年にわたって覚醒剤を止めることになったのだが、家庭が円満というわけではなかった。第二子の妊娠がわかった頃から、夫婦のいさかいが絶えなくなり、出産前には別居をしていた。産後も関係は修復できず、二歳児とゼロ歳児を抱えたまま離婚を決めた。

一恵は独力で二人の子供を育てるのは難しいと思い、母親の美奈子を頼った。以前には同居を拒まれていたが、他に頼る人がいなかったのだ。美奈子も再婚相手の文明も戸惑ったが、一恵を追い返すわけにもいかず受け入れた。

この頃、義父の文明は軽トラックを走らせて古紙回収業をして生計を立てていた。以前は、暴力団一本で生きていたが、七十歳を迎えて代紋だけでは食べていけなくなったため、街で雑誌や新聞を集めて売る仕事をしていたのだ。文明の話では、年老いた構成員はシノギができなくなり、何かしらの仕事を持つのが普通なのだそうだ。

一恵は仕事に困っていたことから、文明の仕事を手伝って小遣い稼ぎをした。軽トラックの助手席にすわり、道端に置いてある古紙を片っ端から荷台に乗せていくのだ。キロ単位いくらで買ってもらえるため、集めれば集めるだけ金になった。

彼女はこの仕事を次のように説明する。

「古紙回収業って、食えないヤクザがやることも結構あるみたい。やってみて知ったんだけど、結構グレーな商売なんだよね。普通、新聞は正規の業者が回収に来るし、雑誌とかは資源ごみの日に回収って決まっているじゃん。だから、ヤクザが古紙回収業をやる場合って、正規の業者やごみ回収車が来る前に街を回ってそれを盗んで売るの。

同じようなことをしている業者って結構いるから、その日は真夜中から軽トラを走らせて集める。同業者と奪い合いになることあれば、警察に見つかって追われる場合もある。結構スリルあるんだよね。でも、やればやるだけ儲かるっていうのは夢がある仕事だと思ったよ」

とはいえ、七十歳の構成員と十九歳のシングルマザーがやったところで、大した額になるわけではない。子供たちが大きくなれば、今以上にお金がかかるのも明らかだった。

一恵は古紙回収業を気に入っていたものの、美奈子と文明に迷惑をかけたくないという思いから、生活保護を受けることにした。そうすれば、最低限の生活費だけは手に入れられる。

ネットで調べてから、一恵は市役所へ行って、生活保護の申請をした。すると、担当職員から意外なことを言われた。

「あなたは、暴力団組員の家に住んでいますね。今のままでは、生活保護は受けられません」

「別にヤクザに養ってもらってるわけじゃありませんよ」

「同居している限りは認められないのです。生活保護を受給したいなら、別々に暮らす必要があります」

出て行けと言われても、いきなり一人で二児の世話ができる自信がなかった。職員はそんな彼女に、

別の提案をした
「それであれば、いったん母子生活支援施設へ入ってください。そこで生活保護を受給した上で、新しい居住先を見つけて暮らすのです」

先述したように、母子生活支援施設はＤＶや育児困難に陥った母親と子供の生活をサポートし、自立へとつなげるための施設だ。

一恵は担当職員の提案を受け入れ、三カ月ほど母子生活支援施設に入り、そこで生活保護の手続きをしてから、アパートを借りて自立した。現在住んでいる家は、美奈子と文明が住んでいる家とさほど離れておらず、今も数日に一度は会う関係だそうだ。

実はアパートに引っ越してから、週に何度かキャバクラでホステスとして働いており、その間幼い子供たち二人を預かってもらっているのだ。生活保護と合わせると、毎月三十万円強の手取りがあるため、子守りをしてくれるお礼としていくばくかの金を渡しているという。ひとまず、二人の子供が小学生になるまでは、こうした暮らしをしていくつもりだそうだ。

一恵は語る。

「キャバクラの仕事はそれなりに金になるけど、あんまり性に合ってないんだよね。私はどちらかといえば、男っぽい性格なんで、男に媚びるのが苦手なんだよ。売春詐欺をやってた時も体は売らなかったし。

今の夢は、文明さんと一緒に古紙回収業を本格的にやること。しかも、ちゃんと許可を取って業者としてやりたい。これまでほとんどカタギの仕事をしたことがないから、他にどういう仕事があんのかわからないだけかもしれないけど、堂々と仕事できたらいいじゃんって思う。警察を気にすることも、こそこそ逃げ回ることもなく、周りにこの仕事やってるんだって言いながら金稼いで子供を養ってみたい。

なんでそう思うのかって？　小さい時から周りに悪いことしている大人しかいなかったからじゃないかな。昔はそれが当たり前なんだって思っていたけど、今はそうじゃない生き方をしてみたいって気持ちの方が強い。子供が二人いるけど、私はまだ若いし、がんばれば何とかなるんじゃないかって思ってる」

彼女の人生の中で、個人事業主としてできる真っ当な仕事として思いつくのは、今のところ古紙回収業しかないのだろう。

ただ、そのノウハウを知っている文明は、少し前に覚醒剤で逮捕され、懲役二年半の判決を受け、刑務所に収監されているのだという。おそらく彼が出所する頃には、子供が成長して今ほど手がかからないようになっている。そうなれば、仕事のやり方を一から教わり、会社を立ち上げるのも夢ではないと一恵は考えているのだ。それが彼女が思い描く理想の人生なのである。

7　少年がヤクザのまとめ役

千葉県の東京湾に面した港街に、大手の造船会社があった。

造船会社は巨大な工場を所有しており、敷地内ではタンカーやコンテナ船が日夜製造されていた。製造作業は分業化されていて、部品製造、組み立て、塗装、セキュリティチェックと一隻が完成するまでに無数の工程を経る。周辺には関連会社の事務所が数え切れないほど集まり、毎日工場へ大勢の労働者を送り込んでいく。

そんな関連会社の一つに、船舶塗装を専門に行っている会社があった。ここは関西を拠点にする、非指定暴力団Q会のフロント企業であり、社長をはじめとして幹部社員はみな構成員だ。一九七〇年代に、ここで労働者たちを束ねる業務を担当していたのが、二十代半ばの永井慎吾だった。

慎吾は、一九五四年、岡山の生まれだ。学生時代から不良で鳴らし、兵庫県に移ってQ会の盃を受けた。その幹部が船舶塗装会社の経営者であり、その下で働いていた。

一九七〇年代の半ば、Q会で兄貴分だった構成員が、千葉県にある造船会社の仕事を請け負うことになった。兄貴分は、千葉に拠点を移す際に、目をかけていた慎吾に言った。

「俺と一緒に千葉へ行かないか。会社の社長は俺がやるけど、慎吾には俺のボディガードをしながら、労働者のまとめ役を担ってほしい」

若い慎吾を右腕として連れて行きたいと思ったのだろう。慎吾もそう言われて嬉しくないわけがなく、ついて行くことにした。

千葉の工場は、圧倒されるほどの大きさだった。製造されている船の大きさ、それにかかわる人間の数、動く金。何もかも、関西で見てきたのとは桁が違った。それもそのはず。ここでは、全長三百メートルを優に超す、地方都市の商店街を飲み込むくらいの巨大船がつくられていたのだ。

兄貴分と慎吾は事務所を借り、事業をスタートさせた。造船会社の工場に従業員を派遣し、特殊な機械や塗料で何週間もかけて塗装を行うのだ。従業員は関西から連れて来た者に加えて、現地でも雇ったが、そのほとんどが身元の分からない流れ者だった。覚醒剤依存者、元殺人犯、借金取りから逃げている者……。みな隙を見つければトラブルを起こすため、慎吾はまとめ役として厳しく締め上げなければならなかった。

千葉に来てから数年間、慎吾は時間も忘れて働いた。あらゆる手立てで労働者をかき集め、仕事のやり方を叩き込み、頻発するトラブルを片付け、何が何でも納期に間に合わせて仕事終わらせる。苦労の甲斐もあり、会社の売り上げは右肩上がりに増えていった。

やがて会社は軌道に乗り大きな利益を出しはじめ、慎吾も高給を手にした。工場で従業員を取りまとめるにはQ会の看板は役に立ったが、そこから一歩離れれば構成員であることは隠していた。それは付き合っていた女性に対しても同じだった。

慎吾は一九七〇年代の終わりに結婚をするが、その女性に対しても入籍の直前まで身分を隠していたらしい。彼女は地元出身の箱入り娘で、長らく「造船会社で働く職人さんたちの親方」だと思い込んでいたという。さすがに知った時は驚き、両親には内緒にしたそうだが……。

間もなく、慎吾と妻との間には、三人の子供が生まれる。一九八〇年に長男、三年後に次男、さらに四年後に三男が生まれた。今回の主人公は、二番目に生まれた次男の広和だ。

広和によれば、両親はまったくタイプが違ったが、夫婦仲は良かったという。だが、家族はある悩みを抱えていた。長男の優希が幼い頃からトランスジェンダー、つまり生まれつきの体は男性だが、性自認は女性だったのだ。いわゆる、性同一性障害と呼ばれるものだ。幼稚園の頃からその特性が明らかで、男の子の格好をしていても、しゃべり方や仕草は女の子のそれだった。

幼稚園や小学校で、優希は同級生から「オカマ」だの「ニューハーフ」だのと散々コケにされてきた。優希は父親に似て生まれつき気が強く、からかってくる相手にはひるまずに立ち向かった。陰口を言われれば怒鳴り返し、手を出されれば何倍にしてやり返す。勉強も負けまいとして人一倍机に向かった。

父親の慎吾は暴力団という「漢《おとこ》」を誇示する世界で生きてきたことから、なかなか息子がトランスジェンダーであることを受け入れられなかった。何度も「男らしく生きろ！」「ナヨナヨするな！」と叱りつけたが、一向に変わる兆しがない。そのため慎吾は次第に優希ではなく、次男の広和に男らしさを求めるようになった。

広和は語る。

「小さい時は、姉（長男の優希）の存在がすげえ嫌でした。幼稚園でも、小学校でも、周りから『オカマの弟』と言われてからかわれたからです。姉は自業自得だけど、なんで俺までこんな目に遭わなきゃならないんだ、いつか絶対に殺してやるって思ってましたね。とにかく恥ずかしい存在だった。

ある時まで親父は姉と性のことでぶつかっていたけど、途中からあきらめて、俺に男らしさを押しつけてきました。喧嘩をして来い、力では人に負けるな、弱音は絶対に吐くなっていう感じです。俺の方も毎日のようにそう言われて育てられてきたので、余計に男として生きようという気持ちになりました。体も大きかったんで、小学校の時にはガキ大将でした」

父親から口を酸っぱくして「売られた喧嘩は買え」と言われていれば、そうなるのは自然だったのだろう。

ただ、慎吾は息子たちに自分が暴力団に属していることを秘密にしており、家庭内で暴力を振るうこともなかった。にもかかわらず、広和はいつしか暴力団に憧れを抱くようになり、小学校の卒業文集の将来の夢の欄には「①ヤクザ、②大工、③ボクサー」と書いた。父親が求める男らしさが、どこかで暴力団とつながっていたのかもしれない。

中学に進むと、広和は理想の男性像を追い求めるかのように愚連隊を結成して、不良の道をひた走る。放課後は近隣の中学の不良と喧嘩三昧、夜はバイクにまたがり、県道や国道に爆音を響かせた。

学校の教師からは何度も呼び出され、警察にも窃盗や無免許運転で複数回捕まった。喧嘩で相手に大怪我を負わせたこともあった。一般家庭で育った母親はその度に涙を流して、「真面目に生きてちょうだい」と訴えたが、広和はどこ吹く風で、不良として名前を売ることが男として最大の美徳だと信じて疑わなかった。

中学を卒業した後、広和は高校へは進学せず、地元の暴走族に加わった。この頃、三歳上の優希は高校卒業と同時に家を出て、ニューハーフバーで働きながら歌手になる夢を追いかけていた。その反動もあって、広和はますます不良の道を極めようという気持ちを強めていた。

父親の慎吾は、それまで広和が好き勝手するのを黙って見ていたが、暴走族をはじめた頃から苦言を呈するようになった。暴対法の施行から十年近くが経って暴力団という立場の苦しさを肌身で感じていたため、どこかで現実を教えなくてはという気持ちがあったのかもしれない。

慎吾は、広和に言った。

「広和、族をやるのは構わないが、定職にも就かずフラフラと半端なことやってんのはよくねえぞ。日中にやることがなく暇を持て余しているなら、うちの会社に入って働け。ちゃんと稼いで夜に遊べばいいだろ」

「親父の会社に？」

「そうだよ。昼寝やゲームばかりしてても何にもならねえ。若いうちに修行しなきゃ一人前にはなれねえんだよ。うちの会社で鍛えてやる」

広和もまたフリーターとしての生活に飽きていたこともあり、日中だけでいいなら会社で働こうと思った。こうして十六歳の時、父親の会社に入社することになったのである。

会社員と思っていたはずが

会社が船舶塗装を行っていることは知っていたが、実際に入社して働きはじめると、想像とは何もかもが違っていた。

従業員は約五十名おり、そのうち現場の作業員は四十名ほど。ほぼ全員が会社の所有する三階建ての寮に暮らしていた。驚いたのは、そのほとんどが、全国各地から集められて来た暴力団構成員だったことだ。みな背中に立派な彫り物をしており、指が一、二本欠けている者も珍しくなかった。

実は、父親が属するQ会は独立組織であり、全国の組織に対して中立の立場を守っていた。そのため、この会社は他の組織で問題を起こした組員を「預かり」という名目で受け入れ、ほとぼりが冷めるまで衣食住を提供して船舶塗装の仕事をさせていたのである。言ってしまえば、業界のはみ出し者たちが復帰できるようになるまでの預かり機関としての役割を果たしていたのだ。

広和が、父親がQ会の構成員だと認識したのは、会社に入った直後だった。彼の言葉である。

「親父は一度もヤクザだってことは言いませんでしたし、俺もただの船舶塗装の会社員だと思い込んでいました。でも、会社に入って従業員たちの素性を教えてもらい、初めて親父もその筋だと知ったんです。会社の社長、役員、顧問レベルはみんなQ会のヤクザでしたからわかりますよね。

それでショックを受けたということはありませんでした。家での立ち振る舞いから、なんとなくカタギじゃないみたいな空気はあったんで、むしろ『ああ、そういうことか』って合点がいった感じです。たぶん、親父は俺にヤクザになってほしくなかったんだと思います。だから、一度組から飛ばされたヤクザたちの中に俺を入れて、すげえ厳しい世界だってことをわからせようとしたんじゃないですかね」

会社での広和の立場は「見習い」だったが、実際の業務は有象無象の従業員たちをまとめ上げ、スケジュール管理をしたり、役割分担を決めたりすることだ。

従業員たちは、曲がりなりにも極道としてシノギから抗争までを経験してきた者たちであり、十六歳の広和を端から見下していた。広和を赤ん坊扱いしてからかったり、威嚇したりするのはしょっちゅうで、気に入らないことがあれば物を投げて来た。

作業現場の空気はたちまち緩み、従業員たちは好き勝手をしたり、トラブルを起こしたりするようになる。「誰々が啖呵《たんか》を切った」「俺の飯が少ない」「風呂の順番が違う」といった何でもないことで殴り合いが起こる。みな暴力団構成員であることから、一度ぶつかると収まりがつかなくなり、殺人の一歩手前まで行くことさえ珍しくない。

広和は年齢や立場のことなど関係なく、腹を括って従業員たちを力で押さえつけなければならなかった。仕事中は怒鳴り散らして仕事に向かわせ、喧嘩が起きれば割って入って双方を殴りつけた。やり返されてアザだらけになることもあった。

従業員とのトラブルで印象に残っているのが、茨城県の日光東照宮へ社員旅行に行った時のことだった。会社では年に一回、慰安旅行を兼ねて日光で一泊し、安全祈願を行うのが習わしだった。従業員たちは他組織からの預かりの身分であるため、全員がスーツにQ会のバッジをつけて神社で参拝をする。

恒例の行事が終わると、旅館へもどって宴会が催される。みんな浴衣から刺青を見せ、ここぞとばかりにビール、焼酎、日本酒、ウイスキーを水のように飲みまくる。彼らにしてみれば、タダ酒ほどうまいものはない。

宴席が盛り上がった頃、座敷に呼ばれたのが芸者だった。しかも、その芸者は普通の芸事ではなく、花電車、つまり女性器をつかった芸事を専門に行う人だった。芸者は淡々と全員の前に出て着物の裾をめくり上げ、女性器で笛を吹いたり、ビール瓶の蓋を開けたりする。矢を吹き飛ばして風船を割るといった芸もあった。

酔っている従業員たちは興奮してアンコールを求めたり、自分がやると言って脱ぎ出したりと騒ぎはじめた。その中の一人が、もっとも若い広和に言った。

「おい、広和！　おまえ、このババアと一発ヤレよ！　みんなで見てやるよ」

他の従業員たちも大笑いし、広和の首を押さえて無理やり芸者へ連れて行こうとする。広和の中に、舐められてたまるかという思いが湧き上がった。ここで弱みを見せれば、工場にもどってからも軽んじられる。

広和は、自分を押さえる人間を思い切り殴りつけた。

「ふざけんじゃねえ！　こんなババアとヤレるか！　てめえら、ジジイがやりゃいいだろ！」

相手は殴られたことで目の色を変えて「なんだと！」と叫んで飛びかかって来る。あれよあれよという間に、宴会場にいた作業員たちが全員入り乱れての乱闘に発展した。障子は倒れ、ビール瓶が飛び交い、テーブルや食事がひっくり返る。警察を呼ばれることは免れたが、出入り禁止になるほどの騒ぎだった。

政治活動でストレス発散

　こんな毎日だったが、不思議と会社を辞めて去っていく人は少なかった。理由は、このご時世では暴力団でやっていくより、会社で働いていた方がずっと割がいいためだ。

　他組織の預かりになるような構成員は、暴力団業界の中でも底辺の層で、覚醒剤の密売に手を染めて数年おきに懲役へ行くか、そのシノギさえうまくいかずにもめごとを起こして邪魔者扱いされているかだ。暴力団を辞めたところで、食べていく当てなどない。

　だが、この会社で働いていれば、日当二万五千円（寮費は一日三千円）を稼げるし、周りにいるのは同じような境遇の者たちなので後ろめたい思いをすることもない。何より数年働いて腕を磨けば、一人前の「職人」として重宝される。

　広和は言う。

「みんな初めはヤクザとしてのくだらないプライドを持ってやって来るんですけど、働いているうちにヤクザをやっているよりずっと安全で安定した生活ができることに気づくんです。それに仕事を覚えるようになると、職人としての自信が生まれるようになる。中には『組を辞めるから、ずっとここで働かせてくれ』って言って来る人もいました。

会社としても、その人のスキルが職人レベルに達していれば、手放したくないというのが本音です。なので、会社の方から組に対して、『あいつは、飛んで（逃げて）行方不明になりました』って嘘をつくんです。組にしてみれば、厄介払いした下っ端にすぎないので、『あっそう』って反応です。それで、会社でずっと働いてもらうようにしていました。

暴力団としては使い物にならなくても、一般の社会で優秀な職人になれる人間は大勢いる。会社はそういう人たちをうまくつかっていたのだろう。

広和は会社に入った頃、日中は工場の仕事に従事し、夜は暴走族の仲間とバイクを走らせて遊んでいた。だが、毎日構成員たちと付き合っているうちに、だんだんと暴走族が子供の遊びのように感じ、地元の右翼団体と付き合いだした。

その右翼団体は指定暴力団W会が結成した組織であり、毎週のように街宣車で政治活動をやりつつ、裏では企業を恐喝して、「献金」の名目で資金を脅し取っていた。

たとえば、電力会社に押しかけて、「おまえらの会社が設置したソーラーパネルのせいで住民が迷惑している。慰謝料をよこせ」と因縁をつける。拒否されれば、会社の前に街宣車を停めて、朝から晩までスピーカーで「この会社は住民の生活を踏みにじっています！」と叫ぶ。すぐに会社は音を上げて金を払った。

広和は街宣車に乗ったり、大企業を追い込んで金を奪い取ったりするのが楽しく、ゲーム感覚で右翼事務所に出入りし、活動に加わらせてもらった。それで金をもらえるわけではなかったが、一日の終わりに焼き肉店などに連れて行ってもらって、好き放題飲み食いできれば良かった。広和にとって、右翼での活動は日頃のストレス発散だったのだ。

会社に入ってから二年目、広和のこうした生活に幕が下りる。広和はまだ十八歳だったが、会社から腕を買われて、新人教育も任されていた。

ある日、福岡県にある指定暴力団O会から、四人の男性たちが会社に送られて来た。みな十五、六歳と若かったが、すでに盃を受けているという。O会からの依頼は次のようなものだった。

「彼らはまだ中学を卒業したばかりで未熟だ。一人前になるまで社会勉強をさせてやってほしい」

法律の上では十八歳未満の人間を事務所に立ち入らせることは禁じられているため、ある程度の年齢になるまで修行に出すなど組から距離を取らせる場合がある。この四人もそのようにして送り込まれて来たのだろう。

広和にしてみれば、初めての年下の新入りだった。関東に来たのも初めてということで、積極的に話しかけ、休日の度に東京や千葉の繁華街へ連れて行って酒をおごったり、東京ディズニーランドへ遊びに出かけたりした。すべては四人が会社になじめるようにと思ってのことだった。

ある日、会社へ行くと、広和は上司に呼ばれた。上司は言った。

「おい、広和。おまえ、O会の若い衆たちを連れ回して何やってんだ」

「あいつら、こっちのことを知らないんで、いろいろと教えてあげているだけですけど」

「福岡のO会から連絡があったんだよ。あの四人はO会に連絡して『広和って奴にあちらこちら連れて行かれて迷惑してる。休みもない』って訴えたらしいんだ。それでO会から連絡があって、『何さらしてくれたんだ』っていちゃもんをつけられた」

広和は開いた口がふさがらなかった。なぜ好意でやったことを、こんなふうに言われなければならないのか。彼はたまらず言った。

「俺は親切でやったんですよ！　文句言われる筋合いなんて一つもありません」

「そう言うな。O会が怒ってるんだ。ちゃんと詫びを入れろ」

「詫びなんて冗談じゃありません。詫びを入れるなら、あいつらの方でしょ！」

会社としてはO会の顔を立てなければならないが、広和にしてみれば到底飲み込めない。話は平行線をたどった。

このやりとりを聞いていた父親の慎吾が口を開いた。

「広和の言い分はわかったけど、相手がそう受け取ってはいないんだ。それで、O会が出て来て謝罪を求めているなら、おまえが頭を下げて詫びを入れるのが筋だろ。きちんと謝れ」

「ふざけんな！　俺は絶対に謝らねえぞ！　それでも頭を下げろっていうなら、今すぐ会社を辞めてやる！」

広和はそう怒鳴ると、会社を飛び出した。

憧れていたヤクザの現実

会社を辞めた広和が向かったのは、十六歳の時に鑑別所へ送られた際に知り合った不良仲間だった。

彼は関東を拠点とする指定暴力団T会に属しており、たまに連絡を取り合う仲だった。常々、「困ったらいつでも来い」と言われていたため、今後のことを相談したのだ。暴力団に憧れていた広和が盃を受けたいと持ちかけると、幹部にかけ合って話をまとめてくれた。こうして、広和はT会の傘下組織で部屋住みとして新たな人生をスタートさせたのだ。

この組織は、都内の多摩地域南部に拠点を置いていて、その一帯の裏社会を取り仕切っていた。繁華街に大きな事務所を設けて、キャバクラや風俗店からみかじめ料を取っていたものの、時代の流れもあってシノギの大半は覚醒剤の密売だった。

部屋住みとは、いわば修業期間であり、衣食住は保証されるもののなんとか生きていけるくらいの生活だ。広和は自分で稼ぐ力をつけ、一日でも早くその立場から抜け出したいと考え、覚醒剤の密売を手がけることにした。暴走族時代の仲間のつてをつかって仕入れ、それを二、三倍の価格で売った。

彼は次のように述べる。

「商売はネットを利用したことですげえうまくいきました。それまでネットでの密売って、ダイレクトメールを送るとか、販売サイトをつくるとか、捕まるリスクが高いやり方ばかりだったんです。そこで俺は日本有数の掲示板を利用してシノギをすることにしたんです。

とはいえ、掲示板に『シャブ売ります』と露骨に書けば逮捕されるので、わかる人にだけわかる隠語をつかった。特殊な言葉でシャブがほしい人間はここに連絡くださいと書いて、こっちのフリーメールに誘導するんです。ジャンキーは常にシャブを捜しているので、あっという間に食いついてきましたよ。

このシノギで一番悩んだのは、受け渡しの方法です。警察のおとり捜査なら、引き渡しの際に逮捕される危険がある。そこで思いついたのが、当時流行っていた『闇の職業安定所』ってサイトでした。ここで受け渡しをしてくれる人間を集めて、直接会わずにネットのやりとりだけで実行犯をやらせるんです。もしそいつが逮捕されても、俺の正体も連絡先も知らないので、捜査が及ぶことはない。トカゲのしっぽ切りです。これで、大体一日に三十万くらい稼いでいました」

今で言う特殊詐欺の受け子のようなシステムを確立したことで、売り上げを伸ばしたのだろう。この成功のおかげで、広和は一年あまりで部屋住みを解かれ、一人前の構成員として認められた。

ただ、闇サイト経由で集まって来るのは、何事にもいい加減で中途半端な人間ばかりで、覚醒剤や売上金を持って消えてしまうような人間もいた。こういう人間は何度も同じことをくり返すため、別の名前を騙って闇サイトで求人をかければ、仕事を求めてまた応募して来る。広和はそうやって裏切った人間を見つけ出すと、他の受け子たちへの見せしめとして半殺しにした。

広和は、ネットをつかったシノギを拡大させ、一時期最大で三十人くらいの人間をつかっていた。はじめた頃は客の大半は常用者だったが、やがて学生、ＯＬ、主婦といった一般人も増えていった。ネットという手軽さが、新たな客層を掘り起こしたにちがいない。

広和はシノギの成功とともに組織内でも頭角を現すようになった。順調に行けば、兄貴分を抜いて役職に就くのも夢ではないと思っていた。

しかし、暴力団は、そんな単純な実力主義だけがまかり通る世界ではなかった。広和が稼いでいるという噂が流れた途端、幹部や兄貴分たちが何かと理由を付けて金を要求してきた。

広和は部屋住みを終えたばかりということもあって仕方なく払ったが、彼らはつけ上がってさらに多くを要求して来る。誰彼となく、金のある人間からむしり取るというのが暴力団の生き方なのだが、それに気づいた時には遅かった。金を出し渋ると、途端に冷遇されて、あらぬ噂まで流された。

組織の中でのし上がろうにも、出る杭は打たれる状態で、広和は途方に暮れた。千葉に暮らす母親から連絡があったのは、そんな時だ。

母親は言った。

「お父さんが亡くなった。家に帰って来なさい」

少し前から体調を崩していることは聞いていたが、一方的に会社を辞めて飛び出した気まずさもあって長らく顔を合わせていなかった。その父親が、和解できないまま他界してしまったのだ。

広和は久々に千葉の実家へ帰った。葬儀には、船舶塗装の会社の関係者が喪服を着て大勢参列し、その死を残念がってくれた。これまでの厚意に涙ぐんで感謝する者もいた。

それを見た時、広和は、父親が会社や組織のためにどれだけ身を粉にして働いてきたかを思わずにいられなかった。それに引き換え、今自分が身を置いているヤクザの世界は一体何なのか。幼い頃に憧れた暴力団の世界と、今いるそれの落差を痛感せずにはいられなかった。

二〇〇七年、広和の人生を大きく変える出来事が起きた。まだ関係者がいることなので詳細については一部割愛させてもらうが、T会の兄貴分が些細な行き違いから同じ組織の幹部を銃で撃ち抜いて殺害したのだ。

兄貴分は現場から逃げて自宅である四階建てのアパートに立てこもり、追いかけて来た警察に取り囲まれた。警察は外から投降を呼びかけたが、彼はパニックになって自室から外に向けて十発以上も発砲。銃弾は、パトカーにも直撃した。

マスコミのヘリがアパートの上空を旋回する中、警察は近隣住民を避難させて、いざという時のために特殊部隊（ＳＡＴ）まで配置した。場合によっては、ライフルで男を打ち抜くことも辞さない構えだった。

アパートから出るに出られず数時間にわたって籠城がつづいた。逮捕されれば無期懲役以上は確実であり、仮に逃げられたとしても幹部を弾いたとなれば組織から追われることになる。八方塞がりだった。

事件発生から十五時間後の深夜、ついに警察が動く。催涙弾を発射し、アパートに突入したのだ。男は逮捕される直前に、もはやこれまでと考え、銃口を自分のこめかみに当てて引き金を引いた。弾丸は頭蓋骨を破壊して両目を貫通したが、致命傷には至らなかった。病院に運ばれた後、彼は両目を失った状態で起訴された。

この事件は、全国ニュースとして大々的に報じられた。広和は身近なところで起きた惨劇に動揺を禁じえなかったが、追い打ちをかけるような出来事が起こる。T会の本部は、この事件が世間に与えた影響の大きさを重く見て、広和が属していた傘下組織を追放した上、街の利権を奪いに乗り込んで来たのだ。

広和たちにとって、T会本部の一連の動きは納得できるものではなかった。事件は、あくまでも構成員が個人的な事情で起こしたものであり、組織が丸ごと追放されるほどのことではない。まるでT会本部が、事件を口実にして街を乗っ取ろうとしているようにしか見えなかった。幹部たちの意見も同じであり、T会に対して徹底抗戦することが決まった。

ここから、T会と元傘下組織の抗争が勃発した。T会は数に物を言わせて次々と構成員を送り込み、事務所に銃弾を撃ち込んだり、関係者を取り囲んで暴行したりした。元傘下組織の側も、多勢に無勢とはいえ、地元で負けるわけにいかず、反撃をつづけた。

広和は、抗争がはじまると同時に親分のボディガードに任命された。街には複数のヒットマンが潜伏し、親分の命を虎視眈々と狙っているのは確実だ。広和は連日連夜、重たい防弾チョッキを身につけ、親分に張りついて命を守りつづけたが、極度の緊張感から何日も眠れないこともあった。

抗争は二年を経て、ようやく終止符が打たれた。広和の親分は、対抗するために別の指定暴力団W会の盃をもらい、傘下組織となったのだ。T会にとってW会は自分たちより大きな組織であり、正面衝突するわけにはいかない。苦渋の決断で、矛を収めたのである。

二年ぶりに日常がもどったが、広和の心はボロボロになっていた。暴力団の義理も人情もないやり方に絶望し、命を狙われつづけることに疲れ果て、ネットをつかって築いたシノギも他の人間たちに手口を真似されて奪われていた。再びゼロからW会のために働く気にはなれなかった。

そんな時、広和は警察から抗争とは別容疑で指名手配を受けた。少し前に暴行事件を起こしており、その罪を問われたのだ。他の微罪もあって、逮捕後の裁判では懲役一年半の実刑を受けた。

刑務所に収監された後、広和は今後の身の振り方について考えた。その時の思いを述べる。

「ヤクザは憧れていた世界だったので入ったんですが、想像と現実はまったく違いましたね。金、金、金の世界でした。盃を受ければ金を稼ぐことを強いられ、稼げば稼ぐだけ吸い上げられて、最後は切り捨てられる。T会からW会に移籍したように、組だってコロコロと変わってしまう。誰のために何をやっているのかわからなくなりました。

それで刑務所にいる間に、ヤクザから足を洗うことにしたんです。脱退届を書いて事務所に送りました。若頭もヤクザに嫌気が差して辞めようとしていた時期だったんで、すんなりと受理してもらえました。それで正式にカタギになったんです」

広和は母親に身元引受人になってもらって出所した。二十七歳だったことから、一般社会で生きていけるのか不安だった。

頭の片隅にあったのは、トランスジェンダーの長男のことだった。高校卒業後にニューハーフバーで働いて歌手を目指していた長男は、ライブやコンサートをくり返し、その業界では名の知れた存在になっていた。

――〝姉〟にできるのなら、俺だって何とかなるはずだ。

広和はそう決心すると、付き合いのある不良や暴力団関係者との連絡を絶ち切って、専門学校へ通いはじめた。何をやるにしても、パソコンの技術は必要になると考えたためだ。

入学当初はブラインドタッチさえできなかったが、瞬く間に上達し、首席で卒業した。これが認められ、スポーツ新聞社に派遣社員として採用され、そこでも頭角を現して契約社員になった。

現在、広和はサブカル系の出版社の正社員を経て、害虫駆除の会社を起ち上げ、経営者として辣腕を振るっている。安定した会社員より、自分で道を切り拓いていく方が合っていると考え、三十代半ばにして脱サラしたのだ。

今、彼は自分の半生をどう捉えているのか。

「ヤクザは今でも好きじゃないですが、ヤクザになったこと自体はいい思い出だと捉えています。俺が憧れていたのは、ヤクザとしての生き方というより、男としての生き方だったんじゃないですかね。それは、親父の生き方でもあります。

今の俺の夢は、会社を成功させて、若い社員を雇って生きる道筋をつけさせることです。人を成長させるということに興味があるんです。それができた時、初めて男になれる気がするんですよ」

広和はまっすぐな目でそう語った。私はそんな姿を見ながら、父親は親子喧嘩したまま逝ってしまったが、この言葉を聞いたら、きっと喜ぶのではないだろうか。

三　章

家から逃れる子供たち

日本には、親元で暮らすことができず、社会的養護を必要とする子供が、約四万七千人いるとされている。原因は、児童虐待、育児困難、親の逮捕、死別など様々であり、児童相談所は彼らを保護した上で、境遇に合わせて乳児院や児童養護施設といった施設、あるいは里親に預ける。

これまで私は、こうした社会的養護を受けている子供たちを長年にわたって取材してきた。常々感じるのは、暴力団の家庭で育った子供たちは、そうではない家庭の子供と比べて、社会的養護の対象になりにくいということだ。

そもそも暴力団の構成員は、しつけに対する考えがゆがんでおり、他人ばかりでなく我が子にも暴力を振るうことが多い。母親についても同様で、殴る蹴るという行為によって子供を言いなりにしようとする傾向にある。

こうした夫婦は往々にして暴力をエスカレートさせる。これまで見てきたように、暴力によって人を支配しようという考え方があったり、覚醒剤で理性が吹き飛んでいたり、暴力に歯止めが利かなくなる要因がそろっているのだ。

言うまでもなく、これは虐待であり、児童相談所によって保護される案件だ。それがなぜ公的支援につながりにくいのか。

一つに、暴力団家庭に立ち入ること自体が困難であることが挙げられる。一般的に、児童相談所への通報は、家族、親族、友人、近隣住人、学校によって行われる。家から悲鳴が聞こえているとか、顔にアザができているといった形で相談が入るのだ。

しかし、相手が暴力団家庭となれば、一般の人はその家庭にかかわりたがらないし、親族もまた同じ穴の狢《むじな》で頼りにならない。それゆえ、家から叫び声がしようと、子供にアザがあろうと、見て見ぬふりをする。我が身の方が大切なのだ。これが虐待の発見率の低下につながる。

二つ目が、両親が暴力団という立場ゆえに公的支援を拒絶することだ。暴力団構成員は、常習的に違法行為を行っているため、あらゆる公的機関とかかわることを嫌がる。

妻は夫が子供を虐待していても支援機関に相談しようとしないし、児童相談所の側が手を差し伸べようとしても振り払って逃げようとする。暴力団家庭にとって、公的機関は「敵」という認識なのだ。したがって家庭の問題は放置されがちになる。

三つ目として言えるのは、こうした環境ゆえに、子供たちもまた公的機関を頼ろうとしないということだ。物心ついた時から、親が公的機関の悪口を言ったり、追いかけ回されたりしているのを見ていれば、不信感や警戒感を抱くのは自然だろう。それが、子供たちからSOSを出す意志を奪い取ってしまう。

さらに、子供からすれば自分が公的機関とつながれば、親が逮捕されるかもしれないという懸念もあるだろう。子供にとって、どんな親でも親であり、売るような真似はしたくないと考えるものだ。

しかしながら、子供たちとて、ずっと暴力にさらされることに甘んじるわけではない。十二歳くらいまではできることに限りがあるが、それ以降になれば行動範囲が広がり、家族から距離を置こうとする。

そうした行動の一つが、家出だ。自分の意志で家族のもとから飛び出し、生きていこうとする。

ただし、それは必ずしも良い結果を招くとは限らない。十代前半から半ばで家出をしたところで、自活していくのは困難であり、誰かを頼ることになる。

子供の運命は、その相手が誰かによって大きく変わる。思慮分別のある親戚や友人の親であればいいが、売春の斡旋業者や覚醒剤の密売人なら、劣悪な状況に陥るのは明白だ。

では、子供たちはいかにして家を離れ、どのような人間とつながっていったのか。

家出をした先で子供たちを待ち受けている世界について見ていきたい。

8　刑務所から届いたパパの手紙

「育ての父と血がつながっていることについて疑いを持ったことはありませんでした。でも、小学六年生の時に、家にあった一通の手紙を見つけたのがすべてのはじまりでした。

手紙は、知らない男性から母宛に送られたものでした。便箋には力強い字で、差出人の男性こそが本当の私の父親であり、ヤクザをしていて長期の懲役刑を受けているということが記されていました。つまり、私はヤクザの娘であり、戸籍上の父親とは血がつながっていなかったのです。

私は怖くなって、手紙を見たことは絶対に人に言わないようにしようと決めました。家には育ての父や母の他にも、弟もいましたから、口に出したら家族がバラバラになってしまうのではないかと思ったのです。今から考えれば、手紙を見た日から、私はいつ爆発するかわからない爆弾みたいなものを抱えてしまったのです」

父の会社の倒産

一九六六年、山下亜夕美は愛知県内の公営団地で生まれた。

母親は鹿児島県の出身だったが、高校を卒業後に愛知県の看護学校を卒業し、名古屋市の病院で看護師として働いていた。何事にも生真面目で、「夢は専業主婦」と答えるようなタイプだった。

二十六歳で、友達に紹介された二歳年上の男性と結婚。彼は自動車部品をつくる町工場の二代目社長だった。母親にしてみれば、先々は看護師を辞めて、工場の手伝いをしながら子育てをするつもりだったようだ。

母親が二十八歳の時、長女の亜夕美が生まれた。二年後に長男、三年後には次男が誕生した。父親の町工場も経営は順調にいっており、近いうちに手狭な公営団地を出て、一軒家を買って引っ越そうという話まで出ていたそうだ。

この時代の亜夕美の記憶は、幸せそのものだ。父親は家族といる時間を大切にしていて、土日は必ずどこかへ遊びに連れて行ってくれた。近所に親戚もたくさん住んでいたので、いとこたちも一緒に遊園地や競馬場へ遊びに行ったり、家でパーティーをしたりした。

母親も、たった一人の娘である亜夕美を溺愛した。洋服は季節ごとに新品を買い、髪留めやリボンは棚にしまいきれないくらいそろえてくれた。ランドセルも他の子とは違う高級ブランドのもので、毎朝きちんと髪を結わえて「かわいいね」「きれいね」と言って学校へ送り出した。

亜夕美は目立つことが好きで、クラスの女子の間ではシンデレラのように振る舞っていたし、周りからもそういう目で見られていた。友達の中では常にリーダーだった。

そんな日々の中で唯一寂しい記憶として残っているのが、小学四年生の時のことだ。母親が四人目の子供となる三男を妊娠した。亜夕美は弟ができるのが楽しみで、毎日のように母親のお腹に声をかけた。出産は無事に終わり、病院で弟との初対面もできたが、退院した日に母親からこう告げられた。

「この子はうちで育てずに、伯父さんと伯母さんに養子に出して面倒をみてもらうことにした。だから、今日からあっちの家の子だから弟じゃなく、従弟として接してあげてね」

亜夕美は事情がわからず、弟を奪われた気がして悲しくてならなかった。だが、後でふり返れば、この時すでに生活は相当苦しくなっていたのだろう。

一年後のある日、唐突に両親が子供たちを集めた。父親は眉間にしわを寄せ、重々しい口調で言った。

「うちの工場がつぶれた。お父さんは騙されたんだ。これから何が起ころうとも、みんなでがんばっていこう」

父親が信頼していた取引先が不渡り（小切手や手形が支払期日を過ぎても決済できない状態）を二回つづけて出したという。方々から借金をして乗り越えようとしたが焼け石に水で、倒産に追い込まれたのだ。

この日を境に、一家は地獄のような日々に突入した。団地には暴力団構成員が借金取りにやって来た。大声を出して名前を呼んでドアを叩く、近隣住民にまで嫌がらせをする、近所の電柱に「山下、借金返せ」とペンキで書く、子供の学校にまで押しかける……。家族は家の外に出ることさえままならなくなった。

そんな中でも、家族が離散せずになんとかやっていけたのは、母方の祖父母の支援が大きかった。祖父母は鹿児島の名家の出身で、亜夕美が生まれてから数年後、愛知県に引っ越して来て子育てに協力してくれていた。そんな祖父母が、老後のための貯えを切り崩して援助してくれたのだ。

だが、不幸は重なるもので、会社の倒産から半年後、祖父が急に体調を崩して他界した。一家は祖母の暮らすマンションへ引っ越し、身の周りの世話をすると同時に、団地の家賃や光熱費を浮かそうとした。だが、亜夕美の弟二人が転校を拒んだため、団地には父親と弟たちが残り、マンションには母親と亜夕美が住むことになった。

亜夕美はふり返る。

「この頃の両親はお金で本当に苦労していました。父はレストランに焼き鳥店、それに雀荘のアルバイトをかけ持ちして毎日明け方まで働いていましたし、母は深夜に起きて朝刊の新聞配達、日中は保険のセールスの仕事をして寝る間もありませんでした。なんとか借金を返済して家族の安らぎを取りもどそうとしていたのでしょう。

でも、現実は過酷でした。お父さんもお母さんも体調を壊すし、家庭のことにまで手が回らない。それで長女だった私が両方の家を行き来して親の手伝いをしました。家事だけじゃなく、父親が働く雀荘で明け方までラーメンやピラフをつくっていました」

こうした生活のプレッシャーは、亜夕美の転校先の小学校での立場を大きく変えた。

父親の仕事の手伝いをしているせいで、朝起きることができなくなって遅刻の回数が増え、成績が下降の一途をたどった。さらに、給食費や修学旅行費の支払いができなかったことで、教師から目を付けられる。

クラスメイトの間でも、亜夕美が雀荘で働いていることが噂になっていた。クラスの生徒たちは転校生である亜夕美に対して「貧乏」「臭い」「ブス」と悪口を浴びせるようになった。

転校前の学校生活が楽しかったからこそ、落差は大きかった。亜夕美はクラスメイトたちとうまくやっていく気持ちが消え失せ、自暴自棄になりつつあった。

冒頭に述べた手紙を、亜夕美が見つけたのは、小学六年の時だった。何げなく開けた棚の奥に、母親宛の封筒があったのだ。差出人の欄にはまったく知らない男性の名前があった。封が開いていたので、気になって読んでみると、次のようなことが記されていた。

〈俺の懲役が終わるのはまだ先になる。十年以上刑務所にいるのはつらい。早く出所して組にもどって、おまえが産んでくれた娘の亜夕美に会いたい〉

亜夕美は頭が真っ白になった。この手紙に書かれていることが真実なら、自分の実父は暴力団構成員ということになる。だとしたならば、母は懲役に行った彼の子を身ごもったまま、父と結婚して私を産み育てたということか。

真面目な看護師だったはずの母親に見つかった黒い過去。亜夕美は手紙の内容が事実なのか確かめたかったが、悩んだ末に自分の胸に留めておくことにした。その理由について彼女は述べる。

「あの時は借金のせいで家族が崩壊寸前でした。みんなその日を生きていくだけで精一杯だった。そんな中で手紙のことを持ちだしたら、みんながバラバラになってしまうのは明らかでした。お母さんだって言えないことはあるだろうし、お父さんにしたって同じ。私だって知らないままの方がいいこともある。それで、手紙のことは私一人が抱えて生きていくことにしようって決めたんです。

でも、それが正しかったのかどうかわかりません。秘密を抱えたことで、私の中で自分は家族の正式な一員じゃないっていう気持ちが膨らんでいくようになったんです。お父さんや、弟たちと同じ血が流れていないなら、一緒にいるべきじゃないんじゃないかっていう思いが強まったし、自分の中にヤクザの血が流れているという怖さもありました。それがいつしか、家族との間に溝をつくり出すようになったんです」

昼は学生、夜はホステス

家族との距離が実際に離れだすのは、地元の中学に進学してからだった。

この中学には、通っていた小学校の同級生が多数進学していた。小学校時代にのけ者にされていた亜夕美は、中学校生活にも何も期待していなかった。同級生から教師までがみな背を向けているように思えたのだ。

また、この頃には父親に人生をかき回されることにもうんざりしていた。いじめられることになったのだって、元はと言えば父親が膨大な借金を背負い、娘の自分に家事をやらせたり、雀荘で仕事の手伝いをさせたりしたからだ。実の親子でもないのに、なんでそんなことをさせられなければならないのか。一度そう考えると、恨めしい気持ちが募っていった。

中学一年の途中から、亜夕美は学校にも家にも寄りつかなくなり、街を徘徊するようになった。そこで出会ったのは、同じように家にも学校にも居場所を見出せなくなった先輩たちだった。

亜夕美はその先輩たちから、路上に落ちているジュースやビールの空き瓶を拾って酒屋に持ち込めば小銭になることを教えてもらった。ジュースの瓶は十円、ビールの瓶は五円で引き取ってもらえたので、百〜二百円が集まったところで菓子パンを買って空腹を満たす。先輩たちと一緒に公園で食べれば、給食の時間のようで楽しかった。

そうした日々の中で、亜夕美が先輩たちとともに万引きや置き引きといった非行に手を染めるまで長くはかからなかった。廃品回収をするより、盗んだ方が手っ取り早いという発想だった。

非行の世界に足を踏み入れていると自覚したのは、中学二年の頃だった。当時、彼女は家出同然で、街で知り合った友達や先輩の家を泊まり歩いており、ある友人の家へ行ったことがあった。そこで、友人の兄が腕に覚醒剤を打ったまま冷たくなって死んでいるのを発見したのだ。過剰摂取によるショック死だった。亜夕美は大きな衝撃を受けるとともに、自分が引き返せないほど危険な世界に両足を突っ込んでいることを知った。

彼女の言葉である。

「中学二年以降はほとんど家に帰っていません。両親の頭の中には借金のことしかなかったので、どこで何をしていようと見向きもされませんでした。私ら子供のことなんて眼中になかった。だから、街をフラフラしていても放っておかれていました。

かわいそうなのは弟でした。私が団地に来なくなったので、家はゴミだらけになって、ご飯も食べられなくなった。五歳下の末の弟は、『お姉ちゃん、どこ?』って言って泣きつづけていたようです。まだ小学三年くらいだったので、母親を失ったような気持ちだったんでしょう。やがて私が外で不良たちと遊んでいると知ると、夜の街を歩き回って私を捜すようになりました。

私は気まずさからあまりかかわらないようにしていましたが、悪い友達たちは私の弟だって知っているので遊びに連れ回しました。不良ってそういうところはやさしいんですよ。やがて弟はそうした不良たちとつるむようになって、小学四、五年生で暴走族のバイクの後ろに乗せてもらうようになった。地元の仲間の間では『小学生暴走族』なんて呼ばれていたみたいです。

それ以降、弟は不良の道を突っ走りました。どう考えたって、あの子がグレたのは私のせいです。

私が彼をその世界に巻き込んでしまった。それに対して、今も罪の意識を抱いています」

かく言う亜夕美も、不良の世界にどっぷりとつかっていた。泊まり歩く先には、常に地元の暴走族のメンバーがたむろしており、暴力団との付き合いも増えていた。

名古屋の裏の街を支配していたのは、V組だった。亜夕美たちのグループは三次団体の親分に世話になっており、ケツ持ちになってもらってトラブルの解決を頼んだり、シンナーなどを回してもらったりしていた。

ただ、この親分は子供たちに親切で、面倒見が良いことで知られていた。夜の街で腹を空かせている少年少女を見つければ焼き肉店に連れて行ってご馳走したし、家出をして金に困っている子供がいれば寮を完備した建設業や水商売の店を紹介した。ちんけな末端の構成員のように金を巻き上げたり、カラダを求めたりすることはなかった。道を外れた子供たちにとって、親代わりの存在だったという。

亜夕美自身も、この親分から恩義を受けた一人だ。中学三年の終わり、彼女は進路のことで悩んでいた。高校へ進学したかったが、家庭の経済的事情を考えれば、学費を出してもらえるわけがない。

ある日、亜夕美は、親分と会った際にそのことを漏らした。親分はしばらく考えてから、「ついて来な」と繁華街のスナックへ連れて行った。親分は店のママに亜夕美を紹介した。

「この女の子、家が貧乏なんだけど、なんとか高校へ行きたいって言ってるんだ。このご時世、高校くらい卒業しておかねえと何にもできねえだろ。できることなら夢を叶えてやりてえ。

そこでママにお願いなんだが、この子を店で雇ってやってくれねえかな。こんな若い子がいれば客は喜ぶし、週五日勤務ならそれなりの金になるだろ。ママはこの子が稼いだ金で学費を払ってくれればいい。人助けだと思って力になってくれ」

ママは亜夕美を一瞥して言った。

「親分の頼みなら引き受けてあげるわよ。どうせ家に住んでいてもつらいことばかりでしょうから、私の名義でアパートを借りてあげる。そこに住んで昼間は高校へ行って、夜は店で働きな」

こうして亜夕美は、女子高生とスナックホステスの二足のわらじを履いて生きていくことになった。月々の手取りは三十万円超。それで生活費から学費までをまかなわなければならなかったので暮らしは楽ではなかったが、贅沢には興味がなかった。毎月、稼いだ金で鏡、枕、マグカップなど家具を一つずつ増やしていくのがささやかな楽しみだった。

亜夕美は言う。

「組長とママには、すごく感謝していますよ。十五歳の少女をスナックで働かせると聞けば、とても悪いことのように思われるでしょうけど、あの人たちがいなかったら私は高校へ行くどころか、住む家だってなかった。せいぜいテレクラで売春して、どこかの男の家に転がり込むくらいだったはず。

まちがいなく、私はあの二人に助けてもらったんです」

スナックのママは、亜夕美の親代わりになって親身になって向き合ってくれた。困ったことは何でも相談に乗ってくれたし、店の悪い客や友達にだまされそうになった時は間に入って助けてくれた。親以上に彼女を心配していた。

もっとも印象に残っているのが高校三年の頃だ。亜夕美は学業と仕事の両立がうまくいかなくなったことに加えて、プライベートの悩みも重なり、学校での勉強が嫌になった。彼女はママに「もう高校は中退する。学費払わなくていいから」と言って行かなくなった。

数カ月が過ぎ、三月になった。ママが急に亜夕美を呼んで言った。

「そういえば、高校はそろそろ卒業式でしょ。一緒に行かない？」

亜夕美は意味がわからなかった。すでに高校は中退しているのだ。

「なんで中退した高校に行かなきゃいけないの？　それに卒業式なんて終わってるでしょ」

「いいじゃん、時間があるから行ってみようよ」

ママは渋る亜夕美の手を引いて、通っていた高校へ行った。すると、驚いたことに、教員が出て来て、亜夕美の卒業証書を渡してくれたのだ。

後で聞いた話では、ママは亜夕美が学校へ行かなくなった後も、学費をしっかりと納めていたそうだ。そして今では考えられないことだが、出席日数も単位も足りなかったはずなのに、高校にかけ合って卒業までさせてもらったのである。一九八〇年代の地方の高校ならではの話だ。

この日、ママと亜夕美は店にもどると、二人だけの卒業式を行って祝杯を上げた。

母との和解

高校を卒業してしばらくして、亜夕美のもとに思いがけない話が舞い込んできた。

名古屋市内で数店舗のスナックを経営しているオーナーと知り合ったのが縁で、自分の店をやってみないかと持ちかけられたのだ。オーナーの店の「雇われママ」という立場だったが、利益に応じた歩合制なので、がんばった分だけ収入になる。これまで世話になったママに恩を感じていたものの、独り立ちしたいという気持ちが上回った。

店をオープンさせたのは、十九歳の年だった。その日から、亜夕美は寝る間も惜しんで仕事に励んだ。なんとか経営を軌道に乗せようと、客に勧められるままに浴びるように酒を飲み、喉がかれてもカラオケをし、朝までアフターに付き合った。

　だが、店の経営は亜夕美が想像していたほど簡単にはいかなかった。原因は、亜夕美の若さにあった。ホステスであれば十代というだけでチヤホヤされるし、十五歳の頃からその路線で売ってきた。だが、店を任されるママという立場では、未熟と見なされてすべてが裏目に出てしまう。客から見下され、都合のいいように利用される。どれだけ働いても、なぜか手元に金が残らず、気がつけば店の赤字は四百万円にまで膨らんでいた。

　亜夕美の体が悲鳴を上げたのは、オープンから一年余りが経った日のことだった。突然、立っていられないほどの体調不良に襲われ、病院に運び込まれた。検査の結果、急性肝不全（劇症肝炎）であるのが判明した。このままでは命にかかわるということで、即座に入院が決まり、それから三カ月にわたって治療を受けた。

　入院中、オーナーから解雇を命じられた。このまま店として赤字を垂れ流すのはもちろん、退院したところですぐに水商売に戻るのは難しいと判断されたのだ。亜夕美は志半ばにして四百万円の借金と肝硬変を抱えて店から退場を余儀なくされたのである。

「捨てる神あれば拾う神あり」とはよく言ったもので、病院のベッドで途方に暮れていたところ、一人の女性が見舞いに現れた。母親だった。店の従業員が、亜夕美の容態を知って、家族に報せてくれたという。母親と二人きりで会うのは、中学三年で家を出て以来四年ぶりだった。

母親はベッドサイドにやって来ると、やさしく言った。

「お店の人に、これまでの話を聞いたよ。経営や病気の方は大変だったね。若くしてこんなに苦労させちゃってごめん。全部、私とお父さんのせいだよね。ちゃんと向き合ってあげられなかった」

亜夕美が家を出た後、母親はずっと子供たちに苦労をかけたことを悔やんでいたのだ。母親はつづけた。

「連絡くれたお店の人が、亜夕美のことをすごくお金にきれいな人だったたって褒めてた。お母さん、それが一番嬉しかったよ」

亜夕美は、ようやく母親が自分の気持ちを理解してくれたと思い、嬉しさのあまり大粒の涙をこぼした。

その日以来、母親は病院に見舞いにやって来ては、着替えを用意したり、お菓子を買ってきたりと、身の回りの世話をしてくれた。元看護師だったため、入院中の患者の心理をわかっていたのだろう。亜夕美は献身的な母親の姿を前にして、もう二度と家族を悲しませるような生き方は止めようと心に決めた。

亜夕美は言う。

「親にこれまでやってきたことを認めてもらったことは大きかったです。それまで実の父のことだとか、借金のことだとか、家族の別居のことだとか、いろんなわだかまりがありましたが、病室でああいうふうに言ってもらえてすべてが吹き飛びました。親も苦労してきたし、今は恨む気持ちは一切ありません。

その後の私はと言えば、スナックのママのおかげで高卒の資格があったので、夜の世界から足を洗って真面目に生きることにしました。がんばって働いて四百万の借金も返済しました。大変でしたが、自分にとってはいい勉強だったと思っています」

病院から退院した後、亜夕美は名古屋で三つの仕事をかけ持ちして五年ほどで借金を完済したという。当時のことはまったく記憶にないほど大変だったそうだ。

それから亜夕美は京都に移り住み、五歳年上の男性と結婚。三人の子供をもうけ、工場で働きながら子育てをした。夫が堅実な公務員だったこともあって、三人とも道を外れることなく名の知れた大学へ進学した。

亜夕美の弟にあたる長男もまた、苦労はしつつも、鉄道会社に就職。結婚後は、大阪に家を建て、親を呼び寄せた。まだ子供は中学生と小学生と小さいが、三世代で仲睦まじく暮らしているそうだ。

そんな家族の中で、唯一最後まで不幸を背負ったのが、末の弟だ。

彼が小学校時代に亜夕美を捜し求める中で不良グループに入ることになったのは先述の通りだ。彼は成人してからも暴力団と関係を持って様々な事件を起こした。十五歳以降、人生の半分を少年院や刑務所で過ごしていたという。

彼が社会を震撼させるような事件を起こすのは三十代のことだ。ここで詳細を書くことはできないが、金銭トラブルから相手を殺害するという凶行に及んだのだ。事件は、全国ニュースとしてメディアに大きく取り上げられた。

裁判の結果、弟は非常に重い刑を受けることとなった。親族は彼を絶縁したが、亜夕美だけはちがった。自ら立ち上がって、弟の減刑を求める活動をしようと決意したのだ。

なぜか。亜夕美はその理由について語る。

「弟が小学生でグレて、あんな事件を起こすようになったのは、もとはと言えば私のせいです。私が家出をせずに、しっかりと弟の世話をしていれば、あんなふうにはならなかった。事件が起きた責任の何割かは、私にもあるんです。

私が弟の減刑を求めて活動をしているのは、そのためです。世間からすれば極悪人だし、親族からすれば存在するだけで迷惑な人間です。それはそれで間違ってはいませんが、私まで彼を突き放すわけにはいきません。私には、自分の責任をしっかりと認め、弟のためにできることをする義務があると思っています」

亜夕美は刑務所への面会や手紙、それに差し入れをしながら、自ら弁護士を雇って裁判のやり直しを求めている。現実的に考えて、減刑が実現する希望はないに等しいだろう。だが、それをすることが、彼女なりの責任の果たし方なのだという。

9 ヤクザとLGTB

静岡県の伊豆半島南部に位置する下田市は、太平洋に面した港街でありながら、温泉も湧き出る観光地として知られている。

昭和の時代には、熱海と並ぶ人気のハネムーン先であり、文学や映画の舞台にもなった。現在も、春秋はトレッキング、夏はマリンスポーツ、冬は温泉と、一年中観光客を集めている。

こうした街の明るいイメージとは裏腹に、夜の街では指定暴力団W会がのさばっていた。街には観光客を狙った夜の街ができており、暴力団はそこに食い込んで金を吸い上げていたのだ。

下田の左官の家の娘として、上村桃子は生まれ育った。父親はろくに働かず、W会から入手した覚醒剤を常用していたことから、家庭は相当荒んでいたらしい。その影響もあって、桃子は早くからグレだし、中学時代にはシンナーを吸うようになった。父親はそんな娘を諭すどころか、覚醒剤を教えた。いつしか、彼女の周りにいるのは自ずとW会の構成員ばかりになった。

十代で桃子は構成員の一人と結婚し、三人の娘をもうけた。だが、二十九歳の時、突然彼女は子供たちを残して家出する。表向きの理由は家庭内暴力だったが、実はW会の別の構成員と不倫関係にあり、その男の子供を妊娠していたのだ。お腹に宿っていたのが、第四子となる娘のひかりだった。

ひかりの言葉である。

「家庭内暴力がすごかったのは事実だったみたい。母さんはそれで不倫して寂しさを紛らわしていたんじゃないかな。妊娠がわかった時は中絶をするつもりだったけど、少し前におじいちゃんが死んでいたこともあって、命を大切にしたいみたいな感じで出産を決めたんだって。ただ、さすがに不倫で身ごもった子を産むわけにいかないから家出をしたって話だった。なんにせよ、望まれない子だったってわけだよね。家に残してきた三人の姉たちは、父方の実家に預けられることになった」

桃子が身を寄せたのは、同じくW会に属していた叔父の家だった。彼女は叔父に間に入ってもらって夫と離婚した上で、不倫相手と入籍しないまま、ひかりを出産することにした。再婚しなかったのは、前夫の面子《めんつ》を守るためでもあったのだろう。

数年間、桃子は旅館で芸者をしながらシングルマザーとしてひかりを育てた。だが、桃子はどこまでも女だった。今度は隣街に暮らす男と恋愛関係になり、だんだんと家に帰らなくなり、叔父との関係も悪化した。

そんな生活が窮屈になったのだろう、桃子は四歳になっていたひかりを連れて男とともに駆け落ちするように下田を離れた。見ず知らずの土地で、自由に生きていこうとしたのだ。

毎週違うパパ

大阪の西成区は、日本最大のドヤ街のある街だ。桃子たちはこの地にたどり着き、新しい生活をスタートさせた。

安アパートを借りたが、共働きをしなければならず、育児をするだけの余裕はなかった。そこで桃子はひかりを児童養護施設に預け、平日は解体業者で働き、週末だけ引き取ることにした。

児童養護施設での生活は、ひかりにとってつらい思い出しかなかった。物心ついた頃から、ひかりは体の性別と、心の性別にズレがあるのを自覚していた。性同一性障害、つまり体は女性なのに、心は男性だったのだ。

女の子なのに、男の子のように振る舞うため、ひかりは施設で浮いた存在だった。職員たちは理解を示さずに「女の子らしくしなさい！」と叱りつけ、子供たちは「オカマ！」とからかう。

中でも、年上の子供たちからのいじめはすさまじかった。大半の子供たちが親から虐待を受けて保護されてきているため、胸の奥にマグマのような鬱憤が溜まっており、それをひかりにぶつけたのだ。殴る蹴るの暴力は日常茶飯事で、時には性暴力にまで発展した。ひかりは、職員に対して不信感を抱いていたことから、誰にも相談できず、耐え忍ばなければならなかった。

週末に施設からアパートに帰っても、ひかりは心休まる時間を得られたわけではない。母親の桃子は下田から一緒に来た男と早々に別れ、解体業で知り合った男たちを次々にアパートに連れ込んで体の関係になっていた。

ひかりは語る。

「週末にようやく施設を離れてアパートにもどされるんだけど、その度に別の男がいるんだ。母さんからは『新しいパパだから』と説明されていたけど、毎週違うパパってなんだよって気持ちだった。

この頃、母さんは結構なジャンキーになってたね。昔からやってたんだろうけど、西成に来てからは隠そうともせず、床にシャブやポンプが普通に転がっているような感じだった。母さんはシャブがキマると、必ず『〝たまごっち〟を持って外へ遊びに行って来な』とか『この金でお菓子でも買って公園で食べて来い』って言ってきた。要は男とセックスしたいから、出て行けってことだよ。

仕方ないから、釜ヶ崎（西成のドヤ街）をウロウロして酔っぱらいの中のおっちゃんに話し相手になってもらうか、『こどもの里』っていうＮＰＯの施設に遊びに行くかしてた。あそこらへんはシャブ中の人ばかりだったから、当時は母さんもその一人なんだろうくらいにしか思ってなかったけど、せっかく週末に親元に帰ったのに、そんなふうに追い出されると傷つくよね。誰からも受け入れてもらえない孤独があったよ」

西成は覚醒剤を格安で手に入れられる場所としても知られていた。桃子は解体業を通して、そのあたりの人脈を手に入れたのだろう。

切ないのは、そんな家庭であっても、施設でいじめに遭っていたひかりにとっては、唯一の居場所だったということだ。覚醒剤に溺れた母親から追い出されても、街を彷徨っている時だけは殴られたり、性の悩みに苦しんだりせずに済んだ。

小学三年のある日、ひかりはアパートに一時帰宅した際、桃子に泣きついた。

「もう施設にはもどりたくない。この家で暮らさせて」

「何言ってるの？　そんなの無理に決まってるでしょ」

「嫌だ！　お願いだから家に置いて！　施設に行くくらいなら死ぬ！」

桃子は娘の心を理解しようとせず、無理やり施設にもどそうとした。だが、ひかりの意志は固かった。母親に殴られても、児童相談所の職員が家にやって来ても、頑としてアパートから出ようとしなかった。それで桃子もやむをえず、家に置くことにした。

こうしてひかりはアパートで暮らせるようになった。が、同時にそれは母親に翻弄される日々の幕開けだった。覚醒剤中毒の桃子は、幻覚に惑わされて言動に異常をきたしており、それがひかりの日常をかき乱したのだ。

たとえば、桃子が自転車で転んで財布をなくしたのに、留守番をしていたひかりのせいにして顔を殴り、「てめえがやったんだろ。探して来い！」と言って外へ行かせる。ひかりにしてみれば、転んだ場所さえわからないので、見つけられるわけがない。家に帰って「なかった」と言うと、桃子は激高して「探し方が悪いだけだ！」と折檻《せっかん》する。ひかりが、「もう叩かないで」と訴えると、今度は「度胸がないから、そんなことを言うんだ」と暴行をエスカレートさせる。頭のネジが完全に外れてしまっていたのだろう。

家でひかりに暴力を振るったのは、桃子の恋人の男たちも同様だった。数カ月ごとに入れ替わる「新しいパパ」はことごとく覚醒剤の常用者で、ひかりに手を上げることもしばしばだった。

中でも、ひかりにとって忘れられない男がいる。背骨が大きく曲がる病気で、身長が低く、髪をポマードでガチガチに固めた韓国籍の暴力団構成員だった。覚醒剤の後遺症なのか、四六時中いら立って貧乏ゆすりをしており、些細なことでも言いがかりをつけて手を上げてくる。食器を洗っているだけで「うるせえ、ガキ!」と言って包丁を握りしめて飛びかかって来るのだ。あまりの恐怖で、その男の顔を見ることさえできなかった。

ある晩、ひかりは布団に入って眠っていた。すると、ゴソゴソと音がするので目を開けると、その男が注射器を持って布団に潜り込んで来た。

男は目を血走らせて言った。

「これ打て。気持ち良くなるぞ」

小学生の少女に覚醒剤を打とうとしたのだ。ひかりは恐怖を感じて言った。

「嫌! 母さんに言うぞ!」

「うっせえ、やれよ!」

「嫌！　嫌！　嫌！」

ひかりが泣き叫ぶと、男は桃子に気づかれると思ったのか、部屋から出て行った。

この日以降、男はひかりに目をつけるようになる。今度は数日後、その男と二人で車に乗っていたら、急に男が「いいところに連れて行ってやる」と言い出した。車が入ろうとしたのは、ラブホテルだった。

ひかりはラブホテルが何をするところか知っており、危険を察した。かつて桃子とその彼氏にラブホテルへ連れて行かれ、ひかりだけがバスルームに閉じ込められ、セックスが終わるのを待たされた苦い記憶があったのだ。

「嫌だ！　絶対に行かない！」

ひかりは車の中で暴れて抵抗した。

当時を、ひかりは次のようにふり返る。

「あの男はセックスの対象として明らかに狙っていたよね。今でも悪夢に出てくるくらいトラウマになってる。その一つが、あいつの臭い。

毎晩寝る前になると、あいつ、きれいなオールバックにするためにポマードをつけてカツラ用のネットをかぶるんだ。そのポマードの臭いが強烈でアパート中に充満する。それがすごく嫌で、今でも同じポマードの臭いを嗅ぐと、フラッシュバックが起きて吐きたくなる。

小四の時、一度あいつを殺そうとしたことがあった。あいつ、クスリをやりまくってわけわかんなくなって、母さんをボコボコにしたんだよ。それを見て我慢ならなくなって、台所にあった包丁を手に取って背後から刺し殺そうとした。間一髪のところで母さんに止められちゃったけど、それがなかったら確実に殺人犯になっていた」

もしかしたら、ひかりはこの男に性的暴行を受けたのではないか。インタビューの最中、何度か尋ねたが、ひかりは言葉を濁して、あえて否定も肯定もしなかった。言葉にできない体験の記憶が未だに残っているのだろう。

幸い、ひかりは半年ほどでこの男のもとから離れることができた。桃子と男が車に乗っていたところ、警察の検問に引っかかって覚醒剤が見つかったのだ。二人とも有罪が確定して懲役刑が下された。

桃子は女子刑務所へ、男は刑務所に送られた後に獄死。

保護者を失ったひかりは、静岡県に暮らす祖母のもとに引き取られた。

突如訪れた死

小学四年に上がる直前、ひかりは一年半ぶりに西成から下田にもどって来て、地元の小学校に編入した。

下田での生活も、ひかりにはつらいことだらけだった。覚醒剤中毒だった祖父はすでに死去していたが、祖母は極度のアルコール依存症で朝から晩まで焼酎を飲んでいた。家事をまったくしないので食事をつくってもらえず、しょっちゅう八つ当たりで叩かれた。

近隣住人から注がれる目も冷ややかだった。狭い街だったことから、「あの家はヤクザの家系だ」と言われたり、「覚醒剤中毒の女の子供には近づくな」と囁かれたりした。女の子なのに男の子みたいに振る舞っていることから、素行が悪いと見なされたこともあった。

さらに悩ましかったのが、学校生活だ。思春期を迎えたこともあって、それまで以上に性の不一致に悩むことが増えており、体育の時間に女子用の水着を着用したくないとか、恋愛話についていけないといった理由で、不登校がちになっていた。

小学六年の時、刑務所から出所した桃子が下田に帰って来た。彼女は一緒に実家で暮らしはじめたが、すぐにまた覚醒剤に手を染めた。異常な言動が目立つようになると、祖母とぶつかることも増え、やがて顔を合わせば罵り合うまでに関係が悪化した。

毎日の口論に耐えられなくなったのだろう、祖母は一人で実家を出て行った。桃子はそれをいいことに、W会の構成員を連れ込み、昼夜の区別なく覚醒剤をやりはじめた。不登校になっていたひかりには、悪夢のような環境だった。

ひかりは語る。

「学校にも、家にもいられなかったから、マジでどうしていいかわからなかった。そんな時に運良く出会ったのが、友達の姉ちゃんだった。三歳上で、定時制高校に通ってた。

この姉ちゃんは同じような性の悩みを抱えていたことから、すごくかわいがってくれて、しょっちゅう『うちに遊びに来なよ』って誘ってくれた。放っておけなかったんだろうね。特に何かするわけでもなく、ギターの弾き方を教わったり、CDを聴いたりしていただけだったけど、ああいう時間が救いだった」

ひかりにとって、性の悩みを理解してくれる人との初めての出会いだった。

中学二年の終わり、突如として想像もしていなかったことが起こる。ある日、アパートで母親の桃子がいきなり真っ黒い血を吐いたのだ。ひかりが駆け寄って救急車を呼ぼうとすると、桃子は止めた。

「呼ばなくていい。寝てれば治るから」

「ダメだよ。母さん、血を吐いたんだよ」

「呼ぶなって言ってるでしょ！　とにかくアクエリアスとオレンジジュースを買って来て。それ飲めば大丈夫だから」

なぜアクエリアスとオレンジジュースを飲めば大丈夫と言ったのかはわからない。覚醒剤の影響で言動がおかしくなっていたので、大した意味はないのだろう。

そうこうするうちに、また桃子は吐血した。ひかりは携帯電話を握りしめ、涙声で言った。

「怖いよ！　救急車呼ぼうよ！　お願い！」

「呼ぶなって、何度言わせれば気が済むんだ！」

桃子は激高してひかりを殴りつけると、携帯電話を床に叩きつけて壊してしまった。プラスチックの破片が散らばる。

「早くジュースを買って来いって言ってるだろ！」

そう叫んだ瞬間、再び大量の血を吐いた。ひかりが肩を貸してトイレへ連れて行こうとするが、歩くことができずに倒れ込んでしまった。ひかりが「病院行こう」と訴える。桃子は声を絞り出すように言った。

「病院へは行かない……。絶対に行かない」

頑なに病院へ行くことを拒んだのは、覚醒剤の使用を隠すためだったのかもしれない。

ひかりは仕方なく桃子を寝室へ連れて行き、布団に横たえた。桃子は何も言わなくなり、目を閉じた。ひかりは気が気でなく、何度も様子を見に行った。

桃子の容態が変わったのは、夕方近くなってからだった。突如として痙攣を起こしはじめたのだ。声をかけても、返事をすることさえできない。ひかりは近所の家に駆け込んで事情を話し、救急車を呼んでもらった。

数分後、救急車がけたたましくサイレン音を鳴らして到着した。救急隊員は桃子の脈を取ると、慌てて心臓マッサージをはじめた。すでに心拍が停止していたのだ。その間、別の救急隊員があちらこちらの病院へ連絡するが、ことごとく受け入れを拒否された。やむなく、救急車はいったん消防署へもどって再度搬送先を探したところ、直線距離で二十キロほど離れた東伊豆町にある病院が受け入れてくれることになった。だが、病院に搬送された時には、すでに心臓も呼吸も止まり、帰らぬ人となっていた。

霊安室で遺体となった桃子と再会したひかりは、大声で泣きじゃくった。あれだけ暴力を振われ、施設にまで入れられたのに、たった一人の肉親を失ったことが悲しくてならなかった。これで自分は本当の意味で独りぼっちになってしまったのだ。

ひかりは心境を語る。

「母さんは完全に狂っていたと思う。でも、母さんに愛されていたっていう実感はあるんだ。望まない子だった自分をちゃんと産んでくれたし、姉ちゃん三人と違ってずっと手元に置いてくれた。覚えているのは、中二で家出した時のことだね。母さんに『親戚から金を借りて来い』って言われて、それが嫌で家を出て立体駐車場の陰に隠れて夜を明かしていたんだ。そしたら、母さんが車で街を何周もして捜してくれているのが見えた。それでものすごくホッとして家に帰ることにした。母さんは一言も怒らずに迎え入れて、『ご飯食べな』って言ってくれた。後で聞いたら、捜索願を出す寸前だったみたい。それを知って、すごく嬉しかったんだ」

一般には理解しがたい「愛情」かもしれない。だが、ひかりにとってはまぎれもなく人生に必要な存在だった。

理想の家庭

桃子の死後、ひかりは再び祖母と暮らすことになった。

祖母のアルコール依存は数年前より悪化しており、ほとんど一日中正体を失っていた。口を開けば、不平不満を吐き出し、ひかりを罵りだす。ひかりは毎日が苦痛で仕方がなかった。

そうした中でネットを介して出会ったのが、千葉県に暮らす女性だった。名前は大下梢《こずえ》、年齢は二十一歳だった。彼女は大学受験に失敗したショックで、二年ほど前からひきこもり生活をしていた。ひかりと梢はメールのやり取りを通してお互いを慰め合っていたのである。

最初に、二人が直に会ったのはメールで知り合ってから数カ月後のことだった。ひかりが祖母とぶつかって家を飛び出したところ、梢から「うちに来てもいいよ」と言ってもらえたのだ。ひかりは不正乗車《キセル》をして普通電車に乗って千葉の家まで会いに行った。

この時、ひかりは家に数日間泊めてもらって帰宅したが、それ以降、度々遊びに行くようになった。

梢の両親には心配をかけたくなかったので、二十歳だと嘘をついていた。

何度目かの泊まりの時、梢からこう言われた。

「もし下田の家にいるのがつらいなら、うちに住んだらいいよ。よければ、私から親に頼んでみるよ」

ひかりは梢の言葉に甘えたかったが、懸念が一つあった。梢の父親は、現役の刑事だったのだ。家に住まわせてもらうのなら、本当の年齢を打ち明けなければならないが、十五歳の少女となれば立場上受け入れるのは難しい。

それでも下田の家を出たいという気持ちは強かったため、ひかりは断られるのを承知で、まずは梢の母親にすべてを打ち明けた。母親は、十五歳だったことに驚いた様子だったが、こう言ってくれた。

「ひかりちゃんがそうしたいなら、うちに住んでもいいわよ」

「お父さんは許してくれるんですか」

母親は少し考えてから答えた。

「大丈夫、私の方でなんとかするから」

きっと家にひきこもっている梢を支えてほしいという思いでひかりを受け入れたのだろう。

こうして千葉の家での同居生活がはじまった。刑事の父親は、妻から説明を受けていたはずだが、プライベートのことには一切触れずに接してくれた。休みの日にアジを釣りに連れて行ってくれたり、家族旅行に招いてくれたりした。夜に食卓を囲んだ時には、「二十歳だろ」と言ってビールを勧めてくれた。ひかりも恩に報いようと、アルバイトの給料の一部を生活費として渡した。

ひかりは言う。

「梢の家に来て初めて『家族』ってものを知ったんだ。下田や西成での体験から、ホームドラマのような温かい家庭なんてフィクションの中だけでの出来事だって思い込んでいた。SF映画みたいな非現実的なもので、絶対にありえないって。

でも、梢の家にはマジでそれがあった。親子がお互いを思いやって、笑顔で食事をしたり、旅行へ行ったりする。よその家の子供の心配までして、実の娘と同じように扱ってくれる。この安心感につつまれた関係こそが、家族なんだって考えられるようになった。

梢の家族から学んだのは、人を信じることや、思いやることの重要さだった。それまで、裏切られるのが当たり前だったから、人に何かを頼むとか、人を心配するってことがなかった。でも、梢の家族と知り合ったことで、逆に人を信じられれば楽になれるんだ、相手を思いやればより良い関係が築けるんだってわかった。そしてそれを自分でも実行できるようになったんだ」

この言葉から、ひかりがどれだけ過酷な世界で生きてきたかがわかるのではないか。ひかりにとって梢との出会いは人生を変えるターニングポイントとなったのだ。

この家での生活は、二年近くに及んだ。家庭環境にはまったく不満はなかったものの、ひかりは高校へ行かずに十七歳になってもフリーターをしていたことから、だんだんと将来に対する不安が膨らんできた。

そんな時にネットを介して知り合ったのが、別の二十歳の女性だった。彼女はひかりと同じく性同一性障害で、おなべとして生きながら介護職をしていた。

その人はひかりにこう言った。

「ヘルパー業界は人手不足だから、中卒でも、おなべでも雇ってもらえる。差別だってまったくない。よかったら、こっちの業界で働かないか。その気なら、紹介するよ」

ひかりは、自分と同じ性同一性障害の人間が活き活きと働いているのを知って、ヘルパーをやって自立したいと考えるようになった。

悩んだ末に、ひかりは梢や彼女の両親にそれを話した。将来を考えて、この家を出てヘルパーとして生きていきたいとつたえたのだ。みんなひかりの気持ちを理解し、応援してくれた。口には出さなかったが、ずっと心配してくれていたのだろう。ひかりは、それまでの感謝をつたえ、家を出ることにした。

男として生きる

　それから十数年が経った今、ひかりは千葉県内で男性として生きている。

　性転換の治療を受けたのは、二十歳になってすぐだった。メンタルクリニックを受診して性同一性障害の診断書を出してもらい、男性ホルモンの注射を打ちはじめた。二週間に一回三千円程度の注射をすることで、徐々に体を男性化させていくのだ。

　最初に起きたのは声の変化で、次が身体の変化だった。女性特有の体の丸みがなくなり、ゴツゴツとした男性体型になっていく。同時に体毛が濃くなり、一年ほどすると喉ぼとけが出て髭が生えだした。そして二年ほどのうちに、見た目は完全に男性となった。

　現在、ひかりは建設会社で金属加工の職に就いている。梢の家を出て就いたヘルパーの仕事はやりがいがあったが、自分には男らしい作業系の仕事が性に合っていると考え直したという。今は、飲食店で知り合った二十代前半の女性の恋人もいて、同棲している。仕事が終わった後、その恋人と過ごすことが何よりの幸せだそうだ。

　ひかりは人生を振り返ってこう語る。

「自分にとって、梢の家族との出会いがものすごく大きかったね。言ってしまえば、誰と出会えるかって運だと思う。家出をしたことで、ヤバい人間に出会って人生をかき回されちゃう人もいるけど、自分の場合は梢の家族と会えたことで人生がいい方向へ回りはじめた。梢のお父さんにしても、人としてとにかく温かい人だった。どんな環境で育っても、そういう出会い一つで人生が変わるなら、人生には希望があるって言えるんじゃないかな」

　ひかりは、性転換してから、梢の家族に会いに行けていないそうだ。家に住まわせてもらっていた間、性同一性障害であることを隠していたので、現在の姿を見せて驚かせたくないという気持ちが強いのだという。

　しかし、このインタビューが終わった時、ひかりはこんなふうにつぶやいた。

「昔の話をしていたら、なんだか梢の家族に会いたくなったな。そろそろ会いに行ってみようかな」

四章　その愛は幻か

――ヤクザをしている父親の子供として生まれてきて良かった。自分は、父親を尊敬している。

本書に登場する子供たちを含め、これまで八十人以上の暴力団構成員の子供たちにインタビューをしてきたが、このように語る者がごく一握り存在する。

しかし、子供たちの七、八割は、暴力団の家庭に生まれたことに後ろめたさを感じており、社会に出てからはその事実を極力隠して生きていこうとする。

彼らが家庭で直面してきたのは、本書でくり返し述べているように、家庭内暴力、ドラッグ、離婚、社会差別、貧困といった現実だ。それは子供にとって非常に大きな障害であり、生きることを何倍も難しくする。それゆえ、多くの子供たちが人生に挫折するか、人に言えぬ苦労を抱え込み、親に対する恨みつらみを膨らませるのだ。

では、逆に暴力団の父親を持って良かったと言えるのは、どのような子供たちなのか。大きく二つに分かれる。

一つは、かなり名の知れた親分クラスの親を持っている子供たちだ。指定暴力団の二次団体クラスであれば、家庭は経済的に恵まれており、日常の雑用はすべて子分たちがやってくれる。父親とて大勢の子分を率いているくらいなので、それなりの分別を持っている。

こういう家庭であれば、社会的偏見を受けることはあっても、子供たちが親から四六時中虐待を受けたり、家族が覚醒剤で壊れていく姿を目にしたりする機会は少ない。大きな屋敷に暮らして、運転手付きの外車に乗っていれば、友人から羨ましがられることもあるだろう。親も子供には真っ当に育ってもらいたいと教育に多額の金を投じることもある。

彼らは、暴力団の良い側面だけを見せられているので、父親を恨むようなことはない。大っぴらに言わなくても、恩恵を受けている分、どこかで尊敬の念を抱いている。だから、公然と家庭を卑下することがあまりない。

とはいえ、暴力団の中でそういう成功者はごく一握りだ。特に暴対法成立後の暗黒の時代にあっては、二次団体の親分クラスであっても、経済的に困窮している例は珍しくない。そういう意味ではこういう家庭で育った子供は一割に満たないと考えるべきだろう。

二つ目は、父親が子供をつくって早々に離婚するか、長い懲役に行くかすることで、家庭を留守にしているケースだ。子供にしてみれば、親と会ったことがなかったり、数カ月に一度外で食事をするだけだったりの関係であれば、直接的な被害を受けるわけではないので、さほど悪い印象を抱きにくい。むしろ、父親の都合のいい側面しか知らないので、良い印象を抱きがちだ。そういう子供たちが、親への愛情を口にするのである。

この章で見ていくのは、インタビューの中で堂々と父親のことを「尊敬している」「愛している」

と語った人々についてだ。

彼らの目に映った父親像とは、いかなるものなのだろうか。

10 お父さんと一緒のお墓に入りたい

「私にとってヤクザだった父は、心の支えだったんです。お父さんがいたから、私は生きてこられた。そうじゃなかったら、この人生に耐えられなかったかもしれません」

吉川真緒は、銀座でホステスをしているだけあって、モデルのようなスタイルと美貌の持ち主だ。その彼女が涙ぐみ、声を震わせながら語ったのが父親への愛情だった。

この父親は、指定暴力団W会の二次団体のナンバー2だった男だ。真緒が父親と一緒に生活したのはわずか一年ほどしかない。

なぜ、彼女はそこまで父親への思いを膨らませたのだろう。

ゴキブリだらけのゴミ屋敷

父親の名前を、吉川幸次といった。終戦から二年後の一九四七年、千葉県鎌ケ谷市の生まれだ。幸次がまだ幼少の時に、両親は離婚。母親が幸次を引き取ったものの、再婚によって新しい父親の家へ移り住むことになる。その家には、義父の他に、前妻の子である義兄が住んでいたため、幸次は居候のような扱いを受けて肩身の狭い思いをしたようだ。

こうした家庭環境が心を荒ませたのだろう。中学生になった頃から、幸次は家に寄りつかなくなり、不良グループを束ねて喧嘩三昧の日々を送る。やがて、東京の下町に本拠地を持つ指定暴力団N会の傘下組織に入り、その後にW会へ移る。

その二次団体は、千葉県松戸市に拠点があった。幸次には商才があったらしく、そこで会社を興してテキヤを取りまとめて県内の祭りに送り込むビジネスを手がけたり、中古車販売会社を起業して国産車から高級外車まで扱ったりした。暴対法が成立する前だったので、構成員であっても堂々と正業を営むことができたのだ。

実業家としても成功を収めた幸次は、長身でハンサムだったため、黙っていても女性が集まってきた。二十代から三十代にかけて四度も結婚したことは、その男ぶりを物語っている。

三十代の終わり、幸次はかつて収監されていた高知刑務所で知り合った、愛知県在住の暴力団構成員に会いに行った。刑務所ではゆっくり話ができなかったので、改めて酒を酌み交わそうということになったらしい。この時、連れて行かれたクラブで出会ったのが、理沙子というホステスだった。

理沙子は高知県で三人姉妹の末っ子として生まれ育ち、高校卒業後に夜の世界に足を踏み入れ、愛媛の店に流れて来た。当時、二十歳そこそこだった彼女には、幸次の容姿や羽振りの良さに、地方都市の男にはない魅力を感じたのだろう。すぐに体の関係になり、その後幸次を追いかけるように千葉県にやって来た。

松戸市の家で、幸次と理沙子は同棲を開始する。間もなく理沙子は妊娠し、二十三歳で長女を出産。翌年には年子となる次女を産んだ。その次女が、冒頭の真緒だった。

若くして二児の母となった理沙子だったが、暴力団の妻としての素質は乏しかったようだ。幸次ほどのクラスになれば、女性関係は絶えず、妻は浮気に対する忍耐を求められることになる。だが、理沙子にはそれができなかった。少しでも女の影を見出すと、彼女は狂ったように幸次を責め、食器を投げつけたり、包丁を手にして暴れだしたりする。

また、理沙子は性格的に粗雑なところが目立った。掃除や洗濯はしようとせず、料理も全く覚えない。金銭感覚がないので、夫から金をもらえば、もらった分だけつかってしまう。幼い娘たちを家に放ったらかして、外で朝まで遊び回ることも珍しくなかった。夫の浮気の仕返しのつもりだったのか、若い男と肉体関係になったこともあったようだ。

幸次はそんな妻に嫌気が差して、だんだんと家に寄りつかなくなった。四十代半ばになっていた彼は、数十人の子分を従え、W会の本家から役職までもらっていた。そんな立場で、じゃじゃ馬のような若い妻に振り回されていれば示しがつかないという気持ちもあっただろう。

ある日、幸次は久々に家にもどって来たかと思うと、理沙子に離婚を突きつけた。彼は言った。

「俺と別れてくれ。俺はおまえと別れた後、今付き合っている韓国人の女と再婚する。その代わり、この家は理沙子にやるし、養育費も払う。だから、籍を抜け」

理沙子が、激しくパニックになって暴れたことは容易に想像できる。だが、家と養育費をくれるという条件は大きく、最終的には離婚を受け入れた。

離婚後の理沙子は相当荒れていたらしい。当時四歳だった次女の真緒は述べる。

「別れた後もしばらくは、母と父はもめていました。母は荒れまくって毎晩酒を飲んでは父の悪口を言い、酔った勢いで父が住んでいる家に押しかけたこともありました。その時に包丁で父の体を切りつけて大事になったとか。父にしてみれば、そうしたことが表に出れば、自分が恥をかくだけなので丸く収めていたのでしょう。

私たちが暮らしていた家は一軒家でしたが、母は掃除ができない人間でゴミ屋敷になっていました。食事は毎日市販の弁当で、リビングから玄関まで足の踏み場もないほど容器が転がっていて腐った臭いが充満していた。家の中はコバエが飛んでいましたし、台所のシンクには蛆がわいていた。ゴキブリもあちらこちらを走り回っていて、夜トイレに行く時とか虫が怖くてたまりませんでした」

理沙子は捨てられたショックから半狂乱状態になっていたのだろう。四歳と五歳の姉妹は荒れ果てた家に取り残されただけでなく、母親からの不条理な暴力にさらされることもあったそうだ。

やがて理沙子は、幸次の舎弟に当たる男と肉体関係を持つようになる。そんな相手を選んだのは、幸次に対する当てつけのつもりだったのかもしれない。そして、この男が理沙子をさらなる狂気に陥れることになる。

家庭内暴力に怯える日々

理沙子が愛人にした幸次の舎弟は、沼田芳一といった。理沙子より五歳くらい年上の三十代前半だった。

付き合いはじめの頃は外で密会していたが、しばらくして理沙子が芳一を家に連れ込んだのをきっかけに住みついた。芳一はテキヤを名乗っていたが、裏では覚醒剤を扱っていた。親分の元妻に手を出すくらいなので、理性のかけらもないような人間だったらしく、家に転がり込んで来てすぐ理沙子に覚醒剤を覚えさせた。

覚醒剤に手を出したことで、理沙子は坂道を転げ落ちるように壊れていく。幸次から届く養育費はすべて覚醒剤に使い、昼夜を問わずに注射を打っては芳一との色欲に溺れる。覚醒剤でつながっているカップルの典型的なれの果てだ。

真緒は言う。

「小学校時代、私の家の中はホラーみたいな状態でした。二人がいなくなった時に部屋をのぞくと、テーブルの上に白い粉と注射器があって、部屋中にアダルトビデオが転がっているんです。たぶんクスリをやってはセックスするという感じだったんでしょう。

母も芳一も完全におかしくなっちゃっていて、覚醒剤が切れた瞬間に殴り合いですよ。毎日怒鳴り声が聞こえて来てお互い血だらけになるまで殴り合ってる。こういう時は気が立っているので、私や姉も標的にされます。理由なんてありません。いきなりボコボコにやられるんです。喧嘩になると怖くてたまらないので、飼っていた猫を抱いて、隣の家との間にあるガスメーターの下に何時間も隠れて息をひそめていました」

幸次は、家庭の中がこういう状態になっていることを風の噂で耳にしていたはずだ。だが、介入すれば、舎弟に元妻を取られたことが明るみに出るし、娘二人を引き取らなければならなくなる。それゆえ、見て見ぬふりをしていたのではないか。

真緒と姉は小学校が終わると、家に帰らずに近所の公園で時間をつぶして過ごすようになった。理沙子たちがやっている覚醒剤が違法行為だとわかっていたので、教師や警察に相談できず、夜が更けて眠くなるまで公園で肩を寄せ合っているしかなかった。

だが、親の身勝手さは、そんな姉妹の仲をも裂いた。家庭内で暴力が起こる際、どちらかといえば年上の姉が標的になることが多かった。暴力に理由がないので、姉にしてみれば、「なぜ自分ばかりがこんな目に遭わなければならないのか」と不満を抱く。それは逆恨みとなって妹の真緒に向けられ、悪口やいじわるにつながった。真緒は、そんな姉に対して徐々に距離を置くようになっていく。

小学四年生の時、こうした生活が突如として終わりをつげる。芳一が覚醒剤の密売で警察に逮捕されたのだ。彼はそのまま実刑判決を受けて刑務所へ収監される。警察は、共犯者である理沙子にも目をつけていた。

理沙子は娘たち二人を呼んで言った。

「千葉を離れて、うちの実家のある高知県に帰ることにした。あんたたちもついて来なさい」

警察の目から逃れるためだったのだろう。

真緒は、松戸に残って父親の幸次のところに身を寄せたいと思った。だが、ここでそれを言えば、理沙子が激昂することはまちがいない。恐怖で言い出せないでいるうちに、高知行きが決まった。

恐ろしい支配欲

高知県では、幸次から振り込まれる養育費を頼りに、３ＬＤＫのアパートを借りて新生活をスタートさせた。

芳一が逮捕された後、理沙子は一時期覚醒剤の使用を控えていた。だが、後遺症によって精神不安に襲われ、抗鬱剤や睡眠剤を大量に服用しなければならなくなり、薬の副作用から逃れるため、再び覚醒剤に手を染めるようになった。

アパートにいるのは家族だけだったので、理沙子の狂気は自ずと娘二人に向けられた。覚醒剤の効力が切れるとパニックになって娘たちに飛びかかり、殴る蹴るの暴行を加える。しかも、虐待が露見しないように、服でアザが隠れる背中、腹、臀部、太腿ばかりを集中的に痛めつけた。

真緒はふり返る。

「母は途中から『手を使うと痛い』っていう理由で、バッグやドライヤーで叩いてきました。肉体的な痛みは途中から麻痺してきて、なんかボーッとなって早く終わってほしいとしか思わなくなるんです。避けたり、反発したりすれば、何倍もやり返されるから、そうするしかなかった。精神的に支配されていたんだと思います」

先に心が壊れたのは、姉の方だった。それまでもひきこもりがちになったり、摂食障害の症状が現れたりしていたが、中学二年の時、ついに薬箱にあった薬を大量に飲んで自殺を図ったのだ。

運良く、直後に発見されて病院へ搬送されたことで、一命を取り留めた。病院側は、姉が中学生だったこともあって事態を深刻に受け止め、行政の福祉につなごうとした。理沙子にしてみれば、そんなことをされれば覚醒剤の使用が明るみに出ないとも限らない。彼女は厄介払いするように、「面倒をみきれない」と言って、姉だけを伯母夫婦に預けてしまった。

これにより、アパートに留め置かれた真緒が実害を一身に受けることになる。理沙子は鬱憤を真緒だけにぶつけ、夜は夜で居酒屋で明け方まで飲んでは見知らぬ男を連れ込んで性行為に耽った。

真緒にとっては生き地獄だった。日中は暴力を振るわれ、夜は独りぼっちにされ、明け方には母親と見知らぬ男のセックスを見せつけられる。今度は真緒の心が壊れていく番だった。中学二年になった時、真緒は人生に絶望したように不登校になった。

何カ月かして、理沙子は娘に一冊の求人誌を差し出した。

「あんた、この店で働きなよ」

求人広告に載っていたのは、地元のスナックだった。

真緒は耳を疑った。

「スナックで働けっていうの？　私、十四歳の中二だよ？」

「どうせ学校に行ってないんだろ。十八歳って嘘つけば雇ってもらえるさ。面接には一緒に行ってやるよ」

覚醒剤三昧の日々を送り、金が足りなくなっていたのだろう。娘をひきこもりにさせておくくらいなら、水商売で稼がせようと考えたのだ。

理沙子は真緒の手を引っ張ってスナックへ連れて行き、自分も一緒に働くという約束で雇ってもらった。

スナックはホステスを五人ほど抱えており、カウンターやテーブルについて接客をするスタイルだった。勤務時間は午後七時から午前二時まで。ホステスの時給は、千三百円だった。

理沙子は一カ月もしないうちに店に来なくなったが、真緒は家で母親と二人きりになるのが嫌で仕事は休まずにつづけた。初めは酒に慣れず、一杯飲んだだけで吐いてしまい、翌日は二日酔いで夕方まで布団から起き上がれなかった。それでも二十四時間母親と一緒にいるよりは働いている方が気が楽だった。

真緒は語る。

「スナックで稼いだお給料は、ほとんど母に取られていました。勝手に財布から現金を抜き取られるのが普通だったけど、それ以外にも食費だのガソリン代だのと言われて取られていました。どうせ嫌だと言ったら殴られるので黙って渡していました。

こういう話をすると、よくグレなかったねって言われますけど、母に支配されていてグレることもできなかったんです。お金だけじゃなく、所持品はすべてチェックされていて、メールやチャットの内容も見られていました。スナックでの交友関係も細かく把握されていた。何か気に入らないことがあれば、『勝手なことしてんじゃねえよ』って言われて殴られる。だから悪いことができなかったんです」

そんな家庭では、中学卒業後に進学せずに夜の街で働くのは暗黙の了解だった。十六歳になると、彼女はスナックを辞め、より時給の高いラウンジへ移った。

ラウンジは内装が豪華絢爛で、若くて美しいキャストがたくさん働いて、毎晩パーティーのような盛り上がりを見せていた。キャスト同士の競争が激しかったが、そのぶん成績を出せば、周囲からお姫様のように持ち上げられた。

大半のキャストはそれが楽しくて働いていたのだろうが、真緒は水商売に違和感を覚えていた。アルコールに対する苦手意識がなくならなかった上、指名客は決まって体の関係を求めてくる。母親の乱れた生活を毎晩のように見せつけられていた彼女にとって、その種の誘いは吐き気を催すほど気分の悪いものだった。しかし、キャストとして売れれば売れるほど、それらに対応しなければならなくなる。

ある晩、店を通して知り合った人からこう言われた。

「俺、雀荘を経営してるんだ。ラウンジが嫌なら、その店で働かないか？」

ちょうど水商売に嫌気が差していたことから、その話に乗ることにした。

雀荘は、ラウンジの華やかさと比べると雲泥の差だったが、従業員たちはやさしく指導してくれたし、客も温かく迎えてくれた。煙草の煙にまみれた雀荘に、突然十六歳のラウンジのキャストが働きだしたのだから当然だろう。真緒はこんな居心地のいい職場があるのかと思った。

もっとも楽しかったのが、仕事終わりに行く食事だ。店長は真緒ら従業員に声をかけ、よく近所のファミリーレストランやラーメン屋に行った。みんなで好きなものを頬張りながら、屈託なくワイワイ騒ぐ時間が幸せだった。学校へまともに行ったことのない真緒にとっては、部活動の先輩たちと夜遊びしているような感覚だったのだろう。

雀荘での仕事に慣れてくると、真緒はそこでできた友達の家に泊まるようになった。自宅で理沙子に罵られて金を奪われるより、仲のいい人たちと過ごすのを望んだのだ。

理沙子は娘が自分から距離を置こうとしているのを感じ、いら立ちをあらわにするようになった。金が手に入らなくなることを懸念していたのかもしれない。ある日、彼女は雀荘へ電話をかけて言った。

「そこで働いている真緒はうちの娘で、十六歳だよ！　そんな子を深夜に働かせるのは違法じゃないか！　警察に訴えて店ごと捕まえてもらうよ！」

雀荘から引き離そうとしたのだ。

店にしてみれば年齢のことは寝耳に水で、実母からこうした電話があった以上、いかなる事情があろうとも雇いつづけるわけにはいかない。

真緒は雀荘から電話のことを聞かされた時、このままでは一生にわたって母の支配下に置かれることになると危機感を募らせた。今逃げ出さなければ、死ぬまで搾取される。

頼れる人として頭に浮かぶのは、千葉県に住む父親の幸次だけだった。真緒は幸次に電話をかけて訴えた。

「お父さん、お願い、助けて」

「どうした」

「お母さんの暴力とか罵声に耐えられない。お父さんのところに行っていい？」

幸次は娘の身に起きていることを察し、やさしい声で答えた。

「いいよ。いつでもおいで」

真緒の目から思わず涙がこぼれた。ようやく母から逃れて生きていくことができる。彼女は荷物をまとめてアパートを離れ、千葉へ飛んだ。

父に対する尊敬と愛情

千葉県松戸市の幸次の家に、真緒はほとんどバッグ一つで転がり込んだ。

家には幸次と再婚相手の韓国人女性の他に、W会の部屋住みの若い衆が三人、ペットの犬が二匹暮らしていた。幸次は高知であったことについては聞かず、娘に部屋を与え、小遣いを渡した。しばらく働かずにゆっくりと暮らせばいいと言ってくれた。

十六歳から十七歳にかけてのこの一年間を、真緒は「人生でもっとも幸せな時期」と回想する。物心ついた時から理沙子の狂気に向き合ってきた彼女にとって、父親の愛情につつまれて、何の不安もなく過ごせる空間を手に入れられたことに勝る安心はなかったのだろう。

家で見る幸次は、巷で言われているような暴力団とはまったく異なっていて、態度も言葉もやさしさに満ちていた。実はこの頃、幸次は体調を壊して酒を飲むことができなくなっていたため、規則正しい生活を送りながら、趣味の浪曲や麻雀を楽しんでいた。韓国人の妻も、幸次を心から愛しており、片時も離れようとしなかった。真緒はそんな夫婦の姿に憧れを抱いた。

同居している間に、真緒が幸次の厳しい一面を見たのは一度だけだ。家にやって来た若い衆の挙動から覚醒剤をやっていることを見抜いたのだ。幸次はその若い衆を叱りつけ、「すぐにクスリを抜け」と言って、中古車販売で使用していたコンテナに閉じ込めた。若い衆はそこで禁断症状に苦しみながら何日も過ごした。

後日、真緒がなぜそこまでするのかと尋ねたところ、幸次は答えた。

「ヤクザの世界は、社会から外れた者のたまり場だ。クスリをやるのは、その中でももっともどうしようもない奴だ。俺があいつを見捨てて追い出したら、あっという間に堕落して死んじまうだろう。俺が親（親分）として奴の人生を預かっている間は、どこまでも責任を持って面倒をみてやらなきゃならないんだ」

数週間かけて覚醒剤を抜いたはずの男だったが、コンテナから出てすぐに、再び覚醒剤に手を出して警察に逮捕された。この一件から真緒は、やさしさゆえに裏切られることもある父親がますます好きになった。

真緒は言う。

「お父さんは人情味があって尊敬できるところばかりでした。叱られたのは片手で数えるほどで、すべて私のためを思ってのことです。覚えているのは、おへそにピアスを入れた時かな。それを見たお父さんから『大切な自分の体になんてことをするんだ。二度とやるんじゃない』って言われたんです。怒られたはずなのに、それだけ私のことを思ってくれているんだって思うと嬉しくなりました」

しかし、ようやく手に入れた幸福な日々は、一年ほどで幕を閉じることになる。幸次が出先で倒れて、病院へ運び込まれたのである。精密検査が行われ、診察室に家族が集められた。

医師は言った。

「C型肝炎からの肝硬変です。今は、肝臓がほとんど機能していません。このままなら、余命は半年といったところでしょう。助かる方法とすれば、肝移植しかありません」

幸次は突然死を突きつけられ、青ざめて言葉を失った。周りも何と声をかけていいのかわからなかった。

自宅に帰ってから、真緒はインターネットで肝移植について調べた。移植にはドナー（提供者）が必要だが、日本で暴力団構成員の幸次がそれを受けるのは難しいと思われた。ならば、親族が提供するしかないが、自殺未遂をした姉は伯母の家に暮らしながら高校へ通っているので応じないだろう。やるなら、自分しかいない。

真緒はドナーになる決心をしたが、未成年だったため親の承諾が必要になる。高知に暮らす母親の理沙子に電話をし、一部始終を話した。

理沙子は冷たく言い放った。

「私は絶対に承諾しない！」

「なんで？　お父さんが死んじゃうのよ」

「あんな男なんてどうだっていい。私を捨てて韓国女のところに走ったのよ。あんただって勝手に家を出てそっちへ行って、いきなり連絡してきたと思ったら、肝移植に同意しろって一体何様のつもりよ。頭おかしいんじゃない？」

理沙子は、絶対に幸次の力にはならないと言って頑として拒絶した。

真緒はやむなく母親に頼むのを諦め、今度は義兄に連絡を取ることにした。幸次は前妻との間に息子がいたのだ。すべてを打ち明けて、幸次のためにドナーになってくれないかと懇願したが、「無理です」と一蹴された。幼い頃に離婚しており、父親の記憶がまったくないという。もうかかわりたくなかったのだ。

八方塞がりになったが、残された時間は少なかった。移植コーディネイターを名乗る人物に泣きつくように相談したところ、こんな提案をされた。

「ご家族がドナーになれないのなら、海外で移植を受ける道しか残っていません。私は詳しくないので、ご自身で現地の斡旋業者を探してアプローチしてみてください」

必死になって調べたところ、中国で移植の斡旋を行っている業者が見つかった。手術費は一千五百万円と高額で、死刑囚の臓器を移植につかっているという怪しい噂がある一方で、日本人に対する移植実績も多数あるという。

選択の余地はない。真緒は、業者から送られて来た移植の資料や同意書を持って幸次のもとへ行った。

「お父さん、中国に上海中山病院っていう大きな総合病院があるの。斡旋業者に頼めば、そこで手術を受けられるみたい。チャンスにかけてみない？」

幸次は、真緒がそこまで調べてくれたことに感激し、「ありがとう。手術を受けるよ」とうなずいた。

数カ月後、真緒は韓国人の妻とともに、病身の幸次を連れて上海へ渡った。斡旋業者に案内されるままに、上海中山病院へ入院。精密検査を受けた後、中国人医師による肝移植手術を受けることになった。

手術室へ入る直前、幸次は頼りなげな表情を見せて言った。

「行って来るね」

真緒は手を握りしめて見送った。

長時間に及ぶ手術は、無事に成功した。真緒は胸をなでおろし、市内にあるホテルへもどった。麻酔から覚めれば、身の回りの世話が待っている。それまでに少しでも体を休めておくつもりだった。

しかし、翌日、病院からホテルに連絡があった。病院の関係者が、通訳を介して言った。

「幸次さんの容態が急変しました。すぐに来てください」

慌てて病院に駆けつけると、幸次はすでに昏睡状態に陥っていた。しゃべりかけても、肩を揺さぶっても、反応を示さない。術後は安定していたのに、容態が急変したという。真緒は何度も呼びかけたが、幸次は一度も意識を取りもどさないまま、息を引き取った。

中国人医師は通訳を介して言った。

「手術は成功しましたが、体力がなかったのでしょう」

病院の側に非はなく、あくまで幸次の健康の問題だと断言したのだ。

実際のところ、幸次の身に何が起きたのかは定かではない。だが、何を言っても幸次が帰って来ることがない以上、黙って日本に帰るしかなかった。

こうして、彼女の「人生でもっとも幸せな時期」は一年ほどで終わったのである。

たった一年間の幸せ

現在、三十代になった真緒は、東京の銀座のホステスとして働いている。

幸次の死後、W会の若い構成員たちは別の組織に移籍するなどしてあっという間にいなくなった。シノギもなくなり、構成員に貸していた金が返済されるめども立たなくなり、それまで家に入って来た金は止まった。

真緒はそうした様子を見て、松戸の家を出る決意をした。韓国人妻との仲は悪くなかったが、居候をつづけて重荷になりたくなかった。とはいえ、中卒の自分ができる仕事として思いつくのは、高知時代にやっていたホステスの仕事のみ。彼女は神奈川、横浜のクラブを転々とした後、銀座の店に流れ着いた。

真緒は自らの人生をこう振り返る。

「考えてみたら、私って『家族』のイメージがほとんどないんです。幼少期はずっと虐待でしたし、父が亡くなってからは水商売一本で生きてきました。姉とは自殺未遂の一件以来ほとんど会ってませんし、母とも長い間連絡をとっていません。そんな私が過ごした唯一の家庭的な時間が、十六歳～十七歳にかけて父と過ごした一年間なんです。だから私にとって父は何かと尋ねられたら、家族そのものと答えます。父の存在が、家族の思い出なんです」

幸次とて半世紀以上もの間、暴力団構成員として生きてきて、W会本部から役職までもらった男だ。

極悪人の顔を持ち、幾多の犯罪に手を染め、大勢の人生を踏みにじってきたにちがいない。

だが、真緒は、そんな幸次の素顔をほとんど知らない。彼女の胸にあるのは、十六歳の時に助けてもらい、一年間無償で衣食住を提供してくれた日々の思い出だけだ。だからこそ、実際以上にイメージが美化されているのではないか。

ただ、真緒にとってその思い出は人生の中でなくてはならないものなのだろう。人は悲しみと苦しみだけでは生きていけない。何かしらの素晴らしい思い出や希望を必要とするものだ。彼女にとって幸次の存在がそれなのだ。

真緒は言う。

「将来的に私自身がどうなりたいっていうのはありません。仕事においても、家庭においても、あんまり期待しないようにしているんです。変に夢を膨らませて裏切られると悲しいですから。でも、一つだけ願っていることを挙げるなら、お父さんと同じお墓に入ることかな。私、自分で働いて稼いだお金で、二年前にお父さんのお墓を新しくしたんです。いつか、私が死んだときにそこに入って、お父さんと一緒にビールを飲みたいですね」

11　刺青と少年野球

千葉県市原市の住宅街に、平屋の借家があった。黒ずんだ古い木造の家だ。

家には、祖父母、母親の詠美、二歳上の兄、そして弘武の五人が暮らしていた。弘武が一歳の時に両親が離婚したため、母方の実家に住むことになったのである。詠美は地元の飲料メーカーの事務の仕事をしながら、シングルマザーとして息子二人を育てていた。

弘武は父親の顔をまったく覚えていないし、写真も見せてもらった記憶がない。祖父母も母親も、親戚は誰一人として父親について語りたがらなかった。

はっきりと父親がどういう人物だったかを教えられたのは、小学校に入ってからのことだ。周りの友達には父親がいるのに、自分だけはいない。弘武は母親の詠美にその理由を問いただした。詠美は不愉快そうに答えた。

「あんたの父親は、どうしようもないヤクザよ。刑務所を出たり入ったりしてさ！　あんな奴のことなんか知らない方がいいのよ！」

家に数枚残っていた写真を見せてもらうと、見るからにその筋といった風貌の男性が写っていた。弘武は「ヤクザ」が具体的にどういうことをする人間なのかわからなかったが、その写真を見ただけでも背筋がゾッとして、開けてはならない扉を開けてしまったような気がした。

これは、かなり後になって知ったことだが、父親は市原市の出身で、十代でＷ会の傘下組織に加入。二次団体に属して、主に車の盗難、転売をシノギにしていたようだ。盗んで来た車をそれとわからないように加工して、裏ルートで売りさばくのだ。

一歳下の詠美は、そんな父親のことを十代半ばから知っていて交際をはじめ、十八歳で妊娠と同時に結婚。一九九〇年に長男、翌年に次男の弘武を出産した。だが、彼はまったく生活費を入れないどころか、警察に追われて逃げ回る日々。しまいには刑務所に収監されたことから、詠美は愛想をつかして離婚を決めたという。子供たちに父親について語らなかった背景には、そうした事情があったのだ。

小学校時代の弘武は、同級生の中でもリーダー的な存在だった。小学一年生からはじめた野球では、体が大きかったことから運動量が豊富で、走攻守にわたって秀でていた。家に帰れば、働きに出ている母親に代わって祖父母が温かく迎えてくれたし、兄とも仲が良かった。塾にも通っていて、文武両道を地でいくタイプだった。

家庭内の雲行きが怪しくなったのは、小学四年生の時だった。それまで母親の詠美は仕事と子育てに明け暮れていたが、だんだんと手が離れてきて心に余裕が生まれたのか、男をつくって夜遊びをするようになった。

弘武が正式に恋人を紹介されたのは、塾の帰りだった。授業が終わって、バッグを肩にかけて外へ出ると、いつも迎えに来てくれる祖母ではなく、珍しく詠美の姿があった。弘武は嬉しくなって「お母さん！」と歩み寄った。

詠美は言った。

「勉強、お疲れ様。今日、ちょっと紹介したい人がいるの。こっち来て」

弘武が首を傾げてついて行くと、黒い日産のシーマが停まっていた。スモークガラスで車高が低く、改造マフラーからは重たいエンジン音が響いている。詠美たちが近づくと、運転席のドアが開いて、不良っぽい若い男が顔を出した。

詠美は言った。

「これ、私が仲良くしてる廉太郎ね。林田廉太郎。私の彼氏なんだ」

「………」

「これから仲良くしてもらうことになるから、ちゃんと挨拶してよ」

弘武は解せないものを感じながら、「よろしくお願いします」と頭を下げた。

母親よりずいぶん若く見えたが、それもそのはず。詠美が三十歳だったのに対し、廉太郎は十一歳年下の十九歳だった。実はこの時、廉太郎は現役の暴走族だった。詠美はそんな廉太郎と近いうちに再婚するつもりだったようだ。

この日以降、詠美は廉太郎との交際を大っぴらにして、夜はほとんど家に帰ってこなくなった。たまに休日に帰宅したかと思うと、「今から廉太郎と遊びに行くから」と弘武や長男を連れ出すこともあった。シーマの後部座席に子供たちを乗せて夜のドライブを楽しんだり、レストランで食事をしたりする。弘武や長男には違和感しかなかったが、拒める雰囲気ではなかった。

実家の祖父母は、そんな詠美の行動が気に入らなかったようだ。よりによって、暴走族の男に入れ上げて、家事や教育を放ったらかしにして夜通しデートをしたり、多感な年齢の子供たちを巻き込んだりするなんて……。祖父母は顔を合わせる度に苦言を呈したが、詠美はまったく耳を貸さず、両者の溝は日に日に深まっていった。

それは冬の晩のことだった。寝室で弘武と兄が枕を並べて眠っていたところ、突然揺さぶられた。眠い目をこすって起きると、詠美がコートを着て立っていた。詠美は声を潜めて言った。

「今から温泉に行くよ」

「え……なんで？」

「いいから！　すぐ出るから服に着替えてランドセルを用意して」

なぜ夜中にランドセルをかついで温泉へ行かなければならないのだろう。

弘武がグズグズしていると、詠美が「早くしな！」とせかしてくる。弘武は怒られたくなかったので、言われた通りに着替えてランドセルを肩にかけた。

だが、同じ部屋にいた小学六年の兄は、「行かない！」と言い張って着替えようとしなかった。「言うことを聞きなさい！」と怒られても、頑として首を縦にふろうとしない。嫌な予感がしたのだろう。

詠美は兄を連れて行くのを諦めて言った。

「それなら、あなたは家に残りなさい。さあ、弘武、行くよ」

詠美は弘武の手を引っ張って家を出た。

真っ暗な闇の中を車で向かったのは、温泉街ではなく、家から一時間以上離れた千葉県成田市にある廉太郎のアパートだった。詠美は祖父母から交際を反対されたことで、駆け落ち同然で家を出て、廉太郎のもとに転がりこんだのだ。

どこにもいちゃいけない人間

この日から、成田市のアパートで、詠美、廉太郎、そして弘武の三人の暮らしがはじまった。

何もかもが見切り発車で、詠美は弘武の住民票を移していなかったために転校することができなかった。そのため、弘武は毎朝五時に起きて、二時間かけて電車を乗り継いで市原の実家に寄り、そこで朝食をとってから小学校に通わなければならなかった。

夜までに帰宅するために、放課後に友人と遊ぶことができず、塾などの習い事もすべて辞めなければならなかった。祖父母からは毎日のように「こっちの家で暮らしなさいよ」と言われたが、母親に嫌われるのが怖くてその生活をつづけた。

しかし、成田のアパートでの生活が決して楽しかったわけではない。廉太郎は生活費を稼ぐために暴走族を引退して建設関係の肉体労働をはじめたが、未経験だったのでこきつかわれる割には、給料は安く、月末には金欠で食事抜きということも珍しくなかった。

そんな生活の中で、廉太郎と詠美の関係はこじれていった。廉太郎は帰宅するなり、仕事のつらさを忘れるためにビールや焼酎を飲んでは酔った勢いで悪態をつく。詠美も黙っていればいいものの、生活の苦しさもあって言い返す。そうなると、売り言葉に買い言葉となって罵り合いがはじまり、最後は殴り合いに発展する。

毎晩のように両親の衝突する姿を見せつけられているうちに、弘武は成田での生活が嫌になってきた。そして学校帰りに市原にある実家に泊まることが増え、小学五年の途中からは再び祖父母と暮らすようになった。

だが、実家での生活は、かつてのような楽しいものではなかった。祖父母は詠美が子育てを放棄したため、自分たちが親代わりにならなければと気負い過ぎる余り、勉強のことばかり口にするようになった。「宿題はやったのか」「勉強を終わらせろ」「テストをがんばれ」……。テストの点数が悪ければ、遊ぶのを禁じて夜遅くまで机に向かわせた。

弘武は毎晩勉強について言われるのが嫌になり、小学六年からは友達の家で寝泊まりするようになった。母親同士が仲が良かったので、成田にいる詠美に頼んでもらって、小学校を卒業するまでその家に住まわせてもらったのだ。祖父母は呆れ返って「もう帰ってこなくていい」と突き放した。

この頃の生活について、弘武はこう振り返る。

「小学校の終わりの頃は、どこにも自分の居場所がないって感じでしたね。廉太郎さんのアパートではDV、実家ではばあちゃんやじいちゃんの説教。友達の家で暮らしている間も、居候だったんですげえ肩身が狭かった。俺はどこにもいちゃいけない人間なんだと考えて不安になったこともありました。生きていちゃいけない人間みたいな気がしていたんです」

中学生になってから再び祖父母の暮らす実家にもどったものの、弘武の胸には満たされない思いだけが膨らんでいった。

弟が誕生

弘武が非行に走ったのは、中学一年の夏休みからだった。

家に居場所がなかった弘武は、毎日暗くなるまで街を目的もなく徘徊していた。そんな中で、公園にたむろしていた不良の先輩たちに声をかけられ、一緒につるむようになったのだ。

先輩たちは盗んだバイクを乗り回して暴走族の真似事をしながら、コンビニで万引きをしたり、他校の生徒を見つけては喧嘩をしたりしていた。そうやって持って行き場のない気持ちを晴らしていたのだろう。弘武もまた見様見真似で同じことをすることでストレスを発散させた。

祖父母は、そんな弘武の言動を心配して、厳しく叱って夜間の外出を禁じた。だが、それは弘武の反発心を増幅させることにしかならず、どうすれば家から抜け出せるかとばかり考えるようになった。

そんな中、たまたま成田の詠美から電話がかかってきた。詠美は弘武に言った。

「中学入ってグレたんだって？　もしそっちの生活が面倒臭いなら、こっちに来て一緒に住む？　前と違って金ができて、広い借家に引っ越したんだよ」

この頃、廉太郎と詠美はパチプロになって荒稼ぎしていた。当時はパチンコの出玉の規制が緩かったので、新装開店の店を渡り歩いて丸一日やっていれば、それなりの収入になったのだ。

「マジでいいの？　こっちは門限決められてうざったいから、母さんの家で暮らせるならそうしたいんだけど」

「いつでも来なよ。ちょっと遠いけど、こっちから中学へ通えばいいじゃん」

「わかった。そうする」

こうして、中学二年から、弘武は実家を離れて、成田市の借家に暮らした。

借家は広かったが、意外だったのが廉太郎と詠美の間に弟が誕生していたことだった。生後数カ月の乳飲み子だった。

詠美は言った。

「これ、あんたの弟だからね」

「マジかよ」

「ここに住むなら、私と廉太郎が仕事の間は、あんたが面倒みてよ」

日中にパチプロとして生計を立てようとすれば、赤ん坊はどこかに預けなければならない。詠美は弘武を家に呼びもどすことで、ベビーシッターの役割を押しつけたのだ。

弘武がそれを知って後悔した時は、後の祭りだった。それからは中学へは行かずに日中は弟の子守をし、詠美たちが帰宅した夜に不良グループと合流して明け方まで遊んだ。育児は大変だったが、日中は一緒に寝たり、家において出かけたりすればいいので、息がつまるほどではなかったという。

そんな生活環境の変化が、弘武の行動を余計にエスカレートさせたのだろう。中学二年の終わり、仲間十数人とともにバイクで走っている最中、調子に乗って地元の小学校に火炎瓶を投げこんだ。幸い、校舎の一階の一部が焦げただけで済んだが、翌日メディアに放火事件と大々的に載ったために、警察が躍起になって捜査を開始。周囲の防犯カメラの映像から、弘武たちのグループの犯行であると突き止められ、逮捕となった。

この時、弘武は直接火炎瓶を投げたわけではなかったものの、数カ月前に窃盗と傷害で鑑別所へ送られて保護観察処分を受けていたせいで、家庭裁判所では少年院送致の決定が下された。一年弱の間、静岡県にある駿府学園で暮らすことになり、三月の卒業式もそこで迎えた。

育児放棄された息子

二〇〇六年の十二月に、弘武は駿府学園を出院した。

高校受験をしていなかったので、詠美と話し合って車やバイクの整備を学ぶ工業系の専門学校へ入った。弘武にしてみれば、専門学校で資格を取って、ゆくゆくは整備関連の会社に就職できればいいと思っていた。

だが、現実はそんなに甘くはなかった。詠美が再び廉太郎の子供を身ごもったのだ。さすがに二児を育てるとなれば、これまで以上に経済的負担は大きくなり、専門学校の高い学費を出してもらうのは心苦しい。弘武は迷惑をかけたくないという思いから、わずか三カ月で専門学校を中退した。

　弘武は、祖父に頼み込んで建設会社を紹介してもらい、とびの仕事に就いた。さっさと技術を身につけて一人前になってまともな暮らしをするつもりだった。だが、四歳上の親方が、そんな弘武の足を引っ張るような真似をする。

　ある日、親方は弘武に言った。

「おい、プレジデントほしいか？」

「プレジデントって、あの日産の高級車のことですか」

「ああ、おまえ、車好きだろ。乗り手がいないのが一台あるんだ。たったの十万円で自分のものにできる。買わないか」

　弘武は不良時代から先輩の車を運転させてもらっていたし、専門学校で整備の勉強をしていたので関心があった。そもそもプレジデントなんてめったに乗れるものじゃない。相手が信頼していた親方だったこともあって、弘武は十万円で譲ってもらった。

　親方はこの一件に味をしめて、次から次に高級ブランド品などを持って来ては弘武に売りつけた。彼本人が盗んだのか、あるいは窃盗をシノギとする組織から買い付けるかして、転売していたのだろう。若かった弘武は深く考えず、安いからという理由だけでそれらを買い漁った。

　弘武は語る。

「親方からすれば、ガキの俺は金づるみたいなもんだったんだろうね。俺は実家で世話になっていたから、給料はそのまま小遣いになるし、車でも何でも見せればすぐに喜んで金を払う。気がついたら大麻まで売りつけられるようになっていた。背中一面に彫り物をしたのも、この頃だ。ヤクザには興味がなかったけど、刺青は好きだったから、給料全部はたいて入れてもらったんだ」

いつしか親方は弘武に大麻の売人のような真似までさせていた。さすがに弘武も利用されているのに気がつき、会社を辞めることにした。

十八歳で転職した先は、千葉県内のホストクラブだった。外見はガテン系で、甘いマスクのホストとはほど遠かったが、場所柄もあってそれなりに人気があって指名が集まった。

そんなある日、店に遊びに来たのが、後に妻となる恵令奈だった。水商売をやっていて友達と二人で来店し、場内指名（店内で気に入ったホストを指名すること）をしてくれたのだ。

弘武はその後も何度か恵令奈の指名を受けているうちに、外で会うようになり、わずか数カ月で妊娠が判明。弘武はホストを辞め、十九歳の年に恵令奈と結婚した。

アパートを借り、親子三人での新生活がスタートした。弘武は派遣会社に登録して、上場企業で働きだした。月収は二十万円そこそこだったが、正社員登用があるという条件だったので、無我夢中で仕事を覚えた。

生来、真面目な性格なのだろう、弘武は誰よりも真剣に仕事に向き合っていることが評価され、すぐに契約社員となり、そのまま正社員として採用された。少年院で中学の卒業式を迎えた彼が、一部上場企業の社員になったのだ。

だが、思わぬところから横槍が入る。恵令奈の母親である義母だ。恵令奈は慣れない子育てに四苦八苦し、一カ月のうち二週間くらいは実家に帰っていた。義母は孫の面倒をみる代わりに、弘武の稼ぎに目をつけて恵令奈が持っていたクレジットカードを勝手に持ち出し、現金を引き出していた。

弘武がそれに気づいたのは、かなり後になってからだった。彼の言葉である。

「義母はギャンブル依存症だったんです。朝から晩までパチンコ店に入り浸り、方々から金を借りていた。それで周囲の信用をなくして困っていたところ、俺の金を狙うようになったみたいです。

その時、妻はメインでつかっているカードの他にもいくつかカードを持っていました。義母はそれらをつかって、それぞれ限度額まで借り入れをしてすべてパチンコに費やしていました。気づいた時には、四、五百万円の借金になっていた。

当然俺としてはブチ切れて、金を返せってなりますよね。義母は『わかりました』と答えるんだけど、『パチンコで稼いで返しますから』みたいなことを言って、平気で俺にまた金を借りようとするんです。バカ言うなと突き放しても、会社にまでやって来て金を貸してくれという。もう完全にぶっ壊れてるんです。

さすがに俺も面倒になってきて、『もう借金は返さなくてもいいから、二度とうちにかかわらないでくれ』って縁を切ることにしたんです。どうせ追い込んだところで金を返せないのは明らかでしたから」

家庭のためを思ってやったことだったが、妻の恵令奈がこれに不満を示した。彼女にしてみれば、ギャンブル依存症だとはいえ、血のつながった母親であることに変わりはない。借金だけを理由に縁を切ることはできなかった。

弘武は恵令奈と何度も話し合ったが、話し合いは平行線をたどった。弘武にしてみれば絶対に義母とかかわりたくなかったし、恵令奈としてはそこまでするのは受け入れがたい。そこで二人はひとまず別居をして、二週間ごとに息子を預かる生活をスタートさせた。

数カ月が経ったある日、弘武はいつものように二週間の約束で息子を預かっていた。すると、息子がこう言った。

「僕、ママの家に行きたくない」

数日後には恵令奈の元に行く予定になっていた。

「どうして？　何か嫌なことがあるのか」

「あっちのお家に行ったら、僕、独りぼっちになっちゃうんだもん」

「どういうことだ」

「毎日ママやおばあちゃんはどこか行っちゃって、家に僕一人になっちゃうの。寝るのも僕一人。怖いよ。だから、ママの家じゃなく、パパの家にずっといたい」

調べてみると、恵令奈は地元の友達と毎晩のように夜遊びをし、義母は相変わらずギャンブルに夢中で、息子は育児放棄されていた。

弘武は証拠を固め、恵令奈に言った。

「正式に離婚しよう。俺は恵令奈や義母さんとやっていけない」

「子供は？」

「俺が引き取る。これまでだって面倒をみてこなかったんだ。これからだって同じだろ。俺が親権を持って子供を育てる」

恵令奈はたいして息子に執着がなかったのか、あるいは別に恋人がいたのか、「わかった」と離婚に応じた。

弘武は言う。

「俺の中では息子の人生を第一に考えて、別居や離婚を決断したつもりです。シングルファーザーになることへの不安は、そんなにありませんでしたよ。俺は中学の頃から小さな弟の面倒をみていたし、実家に帰って母さんや廉太郎さんに頼ることもできた。母さんと廉太郎さんの間にできた弟二人は、うちの息子と二、三歳しか離れていないんで、兄弟みたいなもんなんです。一部上場企業の正社員になれたことで、経済的な不安もありません」

この少し前、弘武にとってもう一つ意外なことが起きていた。長らく会っていなかった、暴力団構成員の父親と再会したのである。

きっかけは、ギャンブル依存症の義母の友達だった。家を訪れた時、義母の友達が来ていた。その友達は弘武を見た途端に、「知り合いのヤクザにそっくりだ」と言いだしたのだ。調べてみたところ、それが父親だったのである。信じられないような偶然だが、それだけ裏の社会は狭いのだろう。

弘武はその人物に紹介してもらい、父親に会った。顔を見た時、あまりに自分と瓜二つで言葉を失った。しかも吸っている煙草、乗っている車、愛車のバイクもすべて同じで、お互いにおかしくなって大笑いするくらいだった。

これをきっかけに、弘武は父親と連絡先を交換し、たまに食事に行く関係になった。長らく会っていなかったこともあって、親子というより、年の離れた友達のような仲だという。だが、弘武はこれ以上深い付き合いをしたり、プライベートに介入したりするつもりはないそうだ。

その理由について、弘武は言う。

「親父のことをまったく知らなかったので、純粋に知りたいという思いから会うようになりました。外見は普通の人ですが、やっぱりヤクザだと思っています。表では塗装会社を経営しつつ、裏ではW会に属して盗難車の転売をしたり、クスリを売ったりしているみたいです。

俺としては食事以上の深い付き合いはしませんし、プライバシーに立ち入らないようにしています。ああいう人たちは隙あらば他人を利用しようとするし、犯罪に巻き込まれないとも限らない。俺は今の会社員としての生活を壊したくないし、息子の将来を優先して考えたい。だから、年の離れた友達くらいの関係性で満足なんです」

案の定、再会してから二年後、父親は車の窃盗の容疑で逮捕され、懲役刑を受けた。やはり深くかかわらなくてよかったという思いと同時に、友達が捕まってしまったような一抹の寂しさを感じたそうだ。

弘武は今の生き方についてこう述べる。

「俺がシングルファーザーをやっているのは、なんだかんだ親父がいなかったつらさを覚えているからじゃないですかね。それを俺の息子に経験させたくないという気持ちがある。俺は途中でグレて野球を辞めてしまったけど、息子にはつづけてほしいと思っています。だから、今は再婚とかは考えていません。親父とは、このまま友達として付き合っていければいいかなと思っています」

毎週末、弘武は少年野球のコーチとして息子と一緒にグラウンドに立っている。真夏でも刺青を隠すために長袖を着なければならないのが面倒だが、バットを握って汗をかく時間が何事にも代えられない楽しみだそうだ。

12 九州の猛者の血

修羅の国——。

暴力団関係者の中で、福岡県はそう呼ばれることがある。県内を本拠地とする指定暴力団が五つもある上に、他県を本拠地とする組織も入り込んで利権を奪い合い、凄惨な抗争事件がいく度も引き起こされた。

福岡県内の暴力団の凶悪さは、群を抜いている。一般市民に対する容赦ない殺人事件はもとより、手榴弾をクラブの店内に投げ込んで大勢に重軽傷を負わせたり、抗争で自動小銃を使用したりしたこともあった。日本で初めて特定抗争指定暴力団に指定されたのも、特定危険指定暴力団に指定されたのも、福岡県内の組織だ。

なぜ一つの県にこれほど暴力団が割拠し、群を抜いた狂暴性を備えているのか。それは福岡県の土地柄が深く関係しているといわれている。

まず、県内にはかつて多くの同和地区があった上、朝鮮半島に近いことから在日の人たちも少なくなかった。元公安調査庁の菅沼光弘が記者会見で「ヤクザの六十パーセントが同和関係者、三十パーセントが在日韓国・朝鮮人」と語ったことからわかるように、一時代前には社会的な差別を受けていたマイノリティーの人々の一部が暴力団に流れていた。

産業においても、福岡の経済を支えた石炭、鉄鋼、貿易などは、昔から暴力団と深いかかわりがあった。暴力団はフロント企業を通じて腕力が取り柄の者たちを全国からかき集め、炭鉱、工場、港湾へ労働者として派遣する事業を手がけていたし、そうした街にできる酒場、賭博、売春を管理して利益を吸い上げていた。朝鮮半島、中国、沖縄との玄関になるため、密輸関係のシノギも行われてきた。そういう意味では、福岡には、暴力団が寄生しやすい土壌があったと言えるだろう。

今回見ていく、H会も福岡県の炭鉱の街で誕生した組織の一つだ。特に一九六〇年代から一九八〇年代にかけて絶大な勢力を誇り、地元の政財界にも影響力を及ぼした。

私の手元には、H会関係者から手に入れた地元の祭りを撮った写真がある。盆踊りをするためのやぐらには、H会と記された巨大な垂れ幕がかけられており、取り囲む人々の浴衣には同組織の名前がプリントされている。そのほか、祭りの出店のテントや、提灯にも組織名が記されている。

現在からすれば、にわかには信じがたい光景だが、当時はそれほど暴力団が街の文化、産業、政治に食い込み絶大な力を持っていたのだ。

今回見ていくのは、このH会の躍進を支えた最高幹部の子供の人生である。

殺人罪で懲役に行った父

福岡県の郊外にあるこの街が、炭田として栄えるようになったのは明治中期からだった。

当時、日本は欧米に追いつくために急速に産業化を推し進めたが、その原動力として欠かせなかったのが石炭だった。九州では複数の地域で石炭が採取できたため、いくつもの財閥が総力を上げてエネルギー事業を手がけた。

炭鉱での仕事は危険と隣り合わせではあるが、それだけ高い収入を得られることで知られており、全国から豊かな暮らしを求めて大勢の人々がなだれ込んで来た。そこで暴力団は労務管理や賭博を手がけることで資金を得て、一定の影響力を保持していたのである。

一九四五年に太平洋戦争が終結すると、街の勢力図も大きく変化する。戦後の混乱の中で、戦前からつづく老舗組織は少しずつ力を失い、代わりに心が荒廃した若者たちが愚連隊を結成して既得権益を荒らすようになっていく。だが、その数があまりにも多く、かつ一歩も退かぬ気性の激しさがあったため、長い間まとまりがつかない状況がつづいていた。

終戦から十年ほどして、その街に裏社会の寵児として現れたのが、Lという男だった。若い頃から不良で鳴らした彼は十代で愚連隊を結成すると、敵対勢力を破竹の勢いでつぶして勢力を拡大していく。一九七〇年代には他組織を制して街の覇権を一手に握り、炭鉱の利権に食い込むだけでなく、レストランやスーパーの経営からタクシー業まで様々な事業を手がけた。

そんなH会の黎明期から組織を支えたのが、渡辺誠だ。誠はLと同じ年齢で、幼馴染とも言えるような関係だった。そのため、愚連隊の頃から苦楽を共にし、H会が結成された後は、二次団体のトップとして、くる日もくる日も他組織と抗争の最前線に立った。

やがて誠は地元を離れ、同じ福岡県の北九州市の海辺の街へ進出する。親戚の一人がH会の副会長をしており、その人物から街の利権を紹介されたためだ。H会の北九州市への進出の足がかりにしたいという思惑があったのかもしれない。

誠はすでに結婚をして二人の子供を授かっていたが、一九七一年にこの街に来てつくった第三子が篤史だった。ただ、その直後、誠が長期の懲役に行くことになったため、篤史は父親の記憶がまったくなかった。

誠が懲役に行ったのは、殺人事件への関与が原因だった。北九州市に進出した後、誠は地元の組織と激しい抗争をくり返して殺人事件に関与したとして、約十年の実刑を受けたのだ。篤史は母親から「お父さんは病気で入院している」と説明され、十二歳上の腹違いの姉も、六歳上の兄も口裏を合わせていたため、長く一人だけ事実を知らなかった。

家に父親はいなかったが、若い衆が頻繁に訪れていたため、篤史は寂しさを感じたことはなかった。彼らが父親代わりとなって身の回りの世話から遊び相手にまでなってくれていたのだ。

篤史は回顧する。

「家には毎日のように若い衆がやって来て俺を楽しませてくれたよ。彼らにしてみれば、親分の子供だからいろいろと気をつかってくれていたんだろうな。でも、子供時代の俺はそんなこと何もわからなかった。お手伝いさんみたいにしか捉えていなかったんだ。だから、どの家にも、刺青だらけの男の人たちが家事や子守をするために来てくれるもんだとばかり思っていた」

とはいえ、年齢が上がるにつれ、篤史も徐々に父親のことが気になりはじめた。何度か、「病院に会いに行きたい」と頼んだこともあったが、母親からは「子供に感染する病気だからダメ」ときつく言われた。

母親は父親が出所するまでの間、なんとか子供たちをたくましく育てようと必死になっていた。組織からいくばくかの金は出ていたのだろうが、公営団地に暮らして生活を切りつめながら、子供たちを厳しくしつけた。熊本出身の男勝りの性格だったこともあって、篤史が喧嘩に負けて泣いて帰って来ると、「勝つまでやって来い！」と家から追い出すほどだった。

小学校の高学年の頃、篤史は元気な同級生たちとグループをつくって不良の真似事をするようになっていた。時は一九八〇年代初頭の暴走族の最盛期。映画や漫画ではヤンキーを主人公とするものが次々とヒットし、街では夜になると地元の暴走族が爆音を鳴らして走り回っていた。篤史も友達とともに自転車を改造し、「族ごっこ」をして遊んでいた。

篤史を取り巻く環境が変わるのは、小学六年生の時だ。父親の誠が、懲役を終えてもどって来たのだ。

朝、篤史が学校へ登校しようとすると、母親に呼び止められた。

「今日、お父さんが退院するから、放課後は友達と寄り道しないで真っすぐ家に帰って来な。わかったね」

篤史は父親の病気が治ったのかと思い、飛び上がりたいような嬉しい気持ちになった。

学校が終わると、母親に言われた通り一目散に帰宅した。すると、パーティーが開かれ、街の偉い人たちが集まっていた。出所を祝う「放免祝い」だった。後で知ることになるが、この日は出所祝いを二つに分けて行っていたそうだ。前半は地元の建設業者などカタギの人たちを集めて行われた一般向けの催しであり、後半はH会の組織としての放免祝いだった。家族が参加したのは、前半の祝いだった。

篤史は語る。

「すげえでかい祝い事だったからびっくりしたよ。家族や親戚が集まるくらいだと思っていたら、街の社長さんや市議みたいな人が次から次にやって来てお祝いをするんだから。

大きくなって知ったのは、あの時代は港湾、土木、エンターテインメントの関係の事業は、地元のヤクザなしでは成り立たなかったってことだ。ヤクザが事業者を振り分けるとか、チケットを売るといったことが当たり前に行われていた。

だから、企業のお偉いさんは、うちの親父には頭が上がらなかった。出所してすぐに大金を持って挨拶に行かなければ、干されるどころか、街を追い出されかねないからな。それだけ地元の経済に深く食い込んでいたんだ」

ヤクザの中には、そうした威力を背景に裏社会から政治の世界へ転身する者も少なくなかった。誠をこの街へ送り込んだH会の副会長もまた、地元で議員に転身して街の顔役となっていた。

冷たくなった周囲の視線

放免祝いの後、誠は大きな一軒家を建て、家族とともに移り住んだ。それまで住んでいた団地と比べれば、お屋敷と呼べるような邸宅だった。家の広い庭ではシェパードを飼い、隣には二階建ての組事務所をつくって若い衆が住み込めるようにした。社会復帰した途端、トップである彼のもとに多額の金が流れ込んで来たのだろう。

家族は急に金回りが良くなったが、篤史は父親との距離を測りかねていた。これまで写真さえ見せてもらっていなかったので、突然現れた彫りの深い顔の誠が自分の父親だとは思えず、「お父さん」と呼ぶことがためらわれた。誠の方も組織を率いる立場として日中は事務所につめ、夜は歓楽街で明け方まで酒を飲んで歩き、ほとんど家に帰ってこない。

また、篤史は周囲から向けられる眼差しが急に冷たくなったのも感じていた。それまでは一緒に遊んでくれた同級生たちが潮が引くようにいなくなっていったのだ。近所の人たちに挨拶をしても、返事どころか目を合わそうともしてくれない。風の噂で大人たちが「あの家の人間とかかわるな」と言っているのが耳に入ってくる。それが父親のせいだと察するまでには長い時間を要しなかった。

父親が地元の裏社会で絶大な力を握っている人間だと明確に認識したのは、中学に進学してからだった。中学は校内暴力がはびこり、リーゼントにボンタンといった格好の不良の先輩たちが校内に多数のさばっていた。

入学式が終わると、先輩たちは中学の伝統行事である「新入生へのヤキ入れ」を行った。四月〜五月にかけて、目につく新入生を一人ずつ呼び出してリンチをすることで絶対服従を誓わせるのだ。篤史は小学校時代から目立つ立場にあったので、呼び出されるものと覚悟していたが、なぜか自分だけはなかなか声がかからない。

ある日、篤史の前に先輩たちが姿を現した。ついに来たかと覚悟したが、彼らはやさしい口調で言った。

「おまえの親父ってヤクザの親分なんだろ。すげえな。子分がたくさんいるんだってな。家に銃はあんのか？　もしあったら、今度見せてくれよ」

先輩たちは篤史の家が暴力団の事務所だと知っていたから、ヤキを入れなかったのだ。

篤史は、先輩たちから直接「ヤクザ」と言われたことで、父親の立場や自分の置かれている状況を直視せずにいられなかった。それまでも薄々気づいていたが、母親からは「お父さんは経営者」と聞かされてきたため、事実に目を向けないようにしていた。だが、先輩からの言葉で、父親が暴力団の親分であり、自分はその実子なのだと認めざるをえなかった。

彼は次のように語る。

「中一で親父がヤクザだって気づいた時はショックもあったけど、合点がいった感じだったよ。今までモヤモヤしていたことが、『あ、だからだったんだ』ってわかった。それが良いとか悪いとかじゃなく、もう受け入れるしかないなって。親父にヤクザを辞めてくれとは言えないし、周りからはヤクザの子って見られてるわけだから、腹を括るしかない。

それで俺は不良として生きていくことにしたんだ。あの頃は不良系のロックバンドの横浜銀蠅が大人気で、ツッパリこそがイケてるって思われていた時代だったから、そっちの方向でぶっちぎってやろうって気持ちだった」

不良の先輩たちは、篤史の父が暴力団であることを知ってかわいがったり、年上の暴走族のメンバーに紹介したりした。篤史は学校では肩で風を切って歩き、夜は特攻服を着て暴走族の集会に参加し、先輩のバイクの後ろに乗らせてもらった。

両親は、篤史のそうした行為を咎めなかったが、快く思っていなかったようだ。誠にしてみれば、H会二次団体のトップとして生きてきた誇りがあり、息子が中途半端にワルを気取っているように見えたのだ。つまらない喧嘩や暴走行為で警察に捕まって呼び出される度に、こう言った。

「おい、くだらねえことをしてんじゃねえ。本気でやろうとするなら、ヤクザやれ。それができねえなら、おままごとみてえなことは止めろ」

子供のためを思ってというより、子分たちに対する示しをつけたかったのだろう。

ただ、組織の若い衆は、同じ世界にきたという親近感からなのか、不良になった篤史を今まで以上に寵愛《ちょうあい》した。地元の名の知れた不良たちを紹介し、喧嘩の仕方や警察から逃れる手立てを教えた。

篤史に拳銃の撃ち方を教えたのも若い衆だ。ある日、若い衆から「ちょっと試し撃ちに行こう」と誘われ、港からボートに乗って沖まで出ると、拳銃を手渡されて「撃っていいぞ」と言われた。外国から入手したばかりのものだという。篤史は若い衆に教わりながら、安全装置を外し、海に向かって実弾を撃ちつづけた。

これが、一九八〇年代の、暴力団が支配する九州の田舎の光景だったのだ。

暴走族を結成し相次ぐ抗争

高校に上がると、篤史は仲間とともに念願だった暴走族を立ち上げ、自ら総長の座についた。両親はほとんど何も言わなくなっていたし、本来はお目付け役となるはずの六歳年上の兄は東京の大学へ進学していた。

後で述べるように、兄が道を外れることなく、真っ当に生きていけたのは、小学生から高校生までのもっとも多感な時期に、父親が懲役に行っていて不在だったことが大きかったと思われる。それに対して、篤史の方は思春期を父親とともに過ごし多大な影響を受けてしまった。

暴走族を結成した後は、抗争に次ぐ抗争で敵対するチームを叩いて傘下に収めることに没頭した。バイクや特攻服に金はかかったが、車のタイヤを盗んで転売したり、暴力団が開く賭場でお茶くみをして小遣いをもらったりしていた。

篤史は語る。

「あの頃の俺は、怖いもの知らずで相当調子に乗っていたな。あの年齢の三つ、四つ上の先輩ってすごく大人で、怖い存在だろ。俺も初めはそう思ってビビッていたんだよ。

でも、その先輩たちが暴走族を卒業すると、ヤクザになって親父の組に入って部屋住み生活をスタートさせる。部屋住みのヤクザって奴隷同然で、事務所だけじゃなく、俺の家の便所掃除から使い走りまで何でもやらされる。母親のことを『姐さん』と呼び、俺のようなガキにも絶対服従だ。一日で恐ろしい先輩が、家の雑用係になっちゃうわけだから、怖いものなんて何もなくなるよな」

こうした環境で育った子供の中には、父親の威光を後ろ盾にして暴力団の世界に足を踏み入れ、甘やかされながら跡継ぎとして二代目に就く者もいる。

だが、篤史はそうした道を選ばなかった。暴走族という不良ごっこはできても、躊躇なく人の命を奪うほどの暴力の世界にどっぷりとつかれる自信はなかった。全国でも有数の血の気が多い暴力団の生き方を目の当たりにしてきたのが大きかっただろう。

篤史はそんな気持ちから、不良の世界よりロックバンドに興味を抱くようになる。時を前後して、東京の大学へ進学した兄が、昔からやっていた音楽活動を本格化させていたことを聞いていた。自分も兄みたいになれるのではないかという気持ちが湧き起こった。

転機は、十七歳の時だった。福岡県警が社会問題となっていた暴走族の壊滅作戦に本腰を入れはじめ、篤史が率いていた暴走族も標的にされた。篤史は暴走族のメンバーら五十人とともに、共同危険行為や傷害で捕まり、鑑別所に送られた。

鑑別所に入れられた篤史は、少年院送致になるのは免れないだろうと覚悟を決めた。警察はトップの人間を少年院に送り込むことで、暴走族の活動を無理やり停止させようとしていたからだ。少年院に一年入ったとして、出院するのは十八歳だ。引退の年齢であり、そこからの再結成は難しい。

大晦日の夜、鑑別所の一室で、篤史は少年院から出た後の将来についてぼんやりと考えていた。自分はどう生きていくべきなのだろう。そんな時、鑑別所の職員が「年末だから特別に」と言ってラジオをかけてくれた。スピーカーから流れてきたのは、この年の日本レコード大賞・アルバム大賞を受賞した氷室京介の「ＡＮＧＥＬ」だった。

不思議と、メロディーが、体に染みわたってきた。篤史は全身に鳥肌を立たせながら、自分の中にあったロックバンドをやりたいという情熱が首をもたげてくるのを感じた。

――少年院を出たら、俺も兄貴のように音楽の道に進みたい。氷室京介みたいなミュージシャンになるんだ。

これまで家庭環境に流されるようにして生きてきた中で、初めて明確な夢を抱けるようになったのである。

二年間の逃亡生活

一年後、少年院から出院した篤史は、すぐに仲間四人とともにロックバンドを結成した。篤史はメインボーカルだった。音楽の道へと導いた氷室京介を真似して髪を逆立て、自ら作詞作曲を手がけ、ロックを歌った。

バンドのすべりだしは、上々だった。福岡県は数々の有名ミュージシャンを輩出したことで知られており、地域的に音楽活動が盛んだった。小さな町にもライブハウスがあり、暴走族時代のコネをつかって宣伝をすれば、それほど苦もなく客席を埋めることができた。

篤史の胸にあったのは東京にいる兄のことだった。兄は後に名の知れたミュージシャンになるのだが、この頃すでに活動の幅を広げて夢に向かって邁進していた。篤史にとって兄は、名実ともに目標とするべき存在だったのだ。

だが、篤史は兄と決定的に異なる点があった。先述したように、兄はほとんど父親の影響を受けずに家族と離れて東京へ行ったが、篤史は十八歳まで裏社会にどっぷりとつかった時期を過ごした。その間に、彼は数え切れないほどの暴力行為に手を染め、大勢の人から恨みを買っており、人間関係も含めて簡単には後もどりできないところまで来ていた。

少年院を出て半年ほどした時、それを痛感する出来事が起こる。警察が、再び篤史を共同危険行為などで指名手配したのだ。警察はそれまでに篤史が犯した罪を徹底的に暴いて何度でも少年院に送るつもりだった。

篤史は自分が指名手配されているのを知って愕然とした。ここで捕まれば、せっかく名が知られるようになったバンドも解散を余儀なくされる。築き上げつつある音楽業界のコネもいっぺんに吹き飛ぶだろう。なんとか捕まらずに済む方法はないか。

方々に相談したところ、暴力団構成員の一人から、こんなアドバイスをもらった。

「二十歳まで逃げ切れ。未成年でやった非行は、成人してからは問われない。二十歳を過ぎて警察へ自首すれば、少年院へも、刑務所へも行かなくて済む」

篤史はそれを聞いて北九州市から逃亡しようと決意する。その直前、仲間内で集まって送別会を開いてもらった。だが、帰り道、酔ったまま車を運転して大事故を起こしてしまう。すぐに一一九番通報され、救急車で病院へ搬送された。

病院に担ぎ込まれた篤史は、その場で入院が決まった。篤史はベッドでそのことを聞き、全身から血の気が引いた。警察が事故の件でやって来るのは必然であり、そうなれば指名手配中の身であることも明らかになってしまう。その前に逃げなければ——。

篤史は大怪我を負った身のまま病院から這い出し、そのまま博多へと向かった。そしてそれを皮切りに大阪、京都、東京などを転々とする逃亡生活がはじまった。

各地を回る中で頼りにしたのは、暴走族や暴力団関係のネットワークだった。いろんな人に助けてもらい、どうにか寝泊まりする場所を確保できたが、日々の生活費は自分で稼がなければならない。ある時は知人の父親が経営していたパチンコ店に雇ってもらい、またある時は、飯場（作業員用の宿泊施設）に潜り込んで肉体労働をして稼いだ。東京では、知人の住民票をつかってアパートを借りた。

約二年に及ぶ逃亡生活によって、篤史は無事に二十歳を迎えることができた。逃げることに疲れ果てた篤史は北九州市にもどり、地元の警察署へ出頭した。構成員から教わった通り、少年院送致は免れたが、警察からは嫌がらせで一ヵ月以上も勾留された上、十万円の罰金を課された。

晴れて自由の身になり、篤史は改めてミュージシャンとして生きていこうと、逃亡生活中に東京で知り合った知人を頼って上京した。

篤史は言う。

「東京に行くにあたって、暴走族時代の仲間や後輩から多額のカンパをもらった。後援会みたいな感じで応援してもらって、その後も頼めば北九州で百万円は簡単に集めて送金してもらえた。バイトをせずに音楽活動をすることができたという意味じゃ、かなり恵まれた環境にあったよね。

でも、バンドの方は鳴かず飛ばずだったな。金に苦労しなかった分、ハングリー精神がなく、理想だけは高かった。だから、せっかくレコード会社から話が来ても、『方向性が合わねえ』とか『もっとデカいところとやりたい』と言って断っちゃった。そうやってチャンスを自分たちでつぶしていったんだよ」

地元で多額のカンパが集まったのは、音楽の実力が評価されてのことではなく、篤史の持つ父親の影響力が大きかったのではないか。そこから送られて来る金に甘えて胡坐《あぐら》をかいていれば、プロとして生きていくのは難しい。

やがて篤史はミュージシャンとしてなかなか芽が出ないこともあって、コカインなどのドラッグに手を伸ばすようになる。ドラッグに手を染めれば染めるほど、夢から遠ざかることもわからなくなっていたのだろう。

そんな篤史のもとに立て続けに届いたのは、家族の不幸を知らせる連絡だった。

最初は、母親に癌が見つかったという知らせだった。少し前から体調を崩しており、病院で精密検査を受けたところ、子宮癌が発覚したのだ。すでに全身に転移している末期であり、余命いくばくもないという。

篤史は居ても立ってもいられなくなって北九州に帰り、病床の母親に会った。抗癌剤治療をしていた母親は、弱々しく「あなたに髪を切ってほしい」と頼んだ。篤史がハサミで短くカットすると、母親は満足げにつぶやいた。

「ありがと。短くしてもらって気持ち良くなった」

あの男勝りの性格の母親から、こんなことで感謝されるとは思っていなかった。母親はしばらく黙って、寂しそうに語った。

「長くは生きられないかもしれないね。考えてみれば、私の夢は家族団欒《だんらん》をすることだった。一度でいいから、家族水入らずで、幸せだって心から思える時間を過ごしたかった。それが叶わなかったのが、私が人生で後悔している部分かな」

篤史は母親の思いが痛いほどわかった。

父親は長期の懲役に行っていただけでなく、出所後も家には常に若い衆が出入りしていたために、世間一般でいう家族らしい生活をしたことがなかった。家族が集まってみんなで食事をするという経験さえなかったのだ。それが暴力団幹部の家族のあり方なのだ。

母親は誠の妻として生きながら、心の底ではずっと温かい家庭の風景を求めていたのだろう。それから間もなく、母親は帰らぬ人となった。

葬儀が終わった後、篤史は東京にもどり、音楽活動を再開した。だが、次に届いたのは、父親の誠の体調が悪化したという知らせだった。

数年前から、誠は糖尿病で入退院をくり返しており、組織運営は信頼する部下（後にH会会長に就任）に譲り、自らはH会の最高顧問に就任していた。若い衆に闘病中の身の周りの世話をしてもらっていたが、その甲斐もなくすい臓癌になって、医師から余命宣告を受けたという。

篤史が北九州市にもどって面会をした時の衝撃は大きかった。誠は別人のように痩せ衰え、会話どころか、目の前にいるのが息子だということも理解できていなかったのだ。若い衆の話では、何度も過酷な手術を受けているうちに、記憶障害が起こって認知症のような症状になったらしい。

約一週間後、誠は死去した。

葬儀は、組葬として大々的に行われることになった。暴力団の葬儀は、実子ではなく、盃を酌み交わした組の跡継ぎが喪主になるのが慣例だ。篤史は姉や兄とともに、遺族という立場で葬儀に参加した。

会場には、指定暴力団の最高幹部ということもあり、全国の暴力団幹部はもちろん、県内の様々な企業のトップも焼香を上げに来た。立場上参列できない人からも花や弔電が数え切れないほど送られて来た。

篤史は参列者や並べられた大量の花を前にして、改めて父親の裏社会での偉大さを知らしめられた気がした。

篤史は言う。

「親父は本当にすげえ人間だったんだなと思うと同時に、自分の体の中にその血が流れていることが誇りに思えた。あの親父の子供なんだから、俺だって何でもできるんじゃないかって感じたんだ。その後も、それなりに音楽活動をつづけてきたのは、そんな思いがあるからだろうな」

篤史は今も東京で音楽活動をしながら、H会の幹部との付き合いをつづけている。父亡きあとも彼が暴力団との関係を絶てない背景には、それまでの生き方が深く関係しているのだろう。

一方、音楽業界で成功を収めた兄は、H会とは完全に距離を置いているという。彼の公式サイトには、出身地の詳細さえ記されていない。彼の中で父親の存在は抹消すべきことなのかもしれない。

五章

夢も希望もない

暴力団に対して吹き付ける風は、年々強くなっていることはまちがいない。

かつて暴力団は、社会のレールから外れた落ちこぼれたちの憧れの世界だった。家柄も学歴もなくても、その世界で出世して幹部になれば、高級スーツを身にまとい、外車を乗り回し、若い衆を引き連れて街を我が物顔で歩くことができる。昼間は実業家が賄賂をつつんで挨拶にやって来て、夜は縄張りの街にくり出して豪遊する。

若い衆たちは、そんな姿を見ているからこそ、「いつかは親分のようになりたい」と考えて、厳格な世界に飛び込み、部屋住みという名の不条理な修行に耐え、命じられれば懲役に行くことも厭わなかった。それなりの苦労に耐えれば、バラ色の未来が待っているはずだった。

だが、これまで再三述べたように、一九九〇年代以降、警察は暴力団への締めつけを厳しくしていった。結果、一握りの大幹部以外は、外車どころか、住むところにさえ困るような生活を余儀なくされた。

それでも暴力団に属していれば、毎月決められた額の上納金を納めなければならず、それ以外にも冠婚葬祭の名目で頻繁に金を吸い上げられる。もし金を払えなければ制裁を受けるか、序列を下げられ、他の組員から嘲られる。面子をもっとも重んじる彼らにすれば、耐え難い屈辱だ。

だからこそ、構成員たちはなんとか金を手に入れようとして、つまらないシノギに手を出して身を亡ぼす。ドラッグの密売に手を染めて自ら常用者になる者、高齢者相手の詐欺や恐喝で逮捕される者、組織に金を借りて返済できずに失踪する者などだ。

今の暴力団の世界で、成功できる若者など限りなくゼロに近い。本来は金と力を握れば組織内で出世して、二次団体へ昇格させてもらったり、本部から役職をもらったりするのだが、どの組織も高齢化していて先が詰まっている。そのため、いつまでも序列が上がらず、年寄りに搾取される立場から逃れられないのだ。

若い不良たちは、暴力団のこうした零落ぶりを冷めた目で見ている。だから、彼らは暴力団には加わらず、適度な距離を保ちながら、どうせなら半グレをやるという感覚で生きている。暴力団に入って法的にも組織的にも身動きできなくなって金を吸い上げられるより、昔から知っている仲間たちとともに特殊詐欺やアポ電強盗に手を染めて一獲千金を狙った方が割が良い。

暴力団に身を置く人間たちは、自分たちのみじめな現状を痛いほどわかっている。特に末端の構成員たちは、日々煮え湯を飲まされているような気持ちだろう。それでも離脱しないのは、もはや引くに引けない状況にあるからだ。

彼らの大半は、思春期の頃から地元の同じような仲間と徒党を組み、裏社会で生き抜いてきた。表の社会に背を向け、親兄弟を切り捨ててきたからこそ、彼らにとってはその世界の仲間とのつながりがすべてであり、生きがいと言えば組織の看板をつかって後輩相手に威張り散らすことくらいしかない。

もし生活が苦しいからといって、暴力団を辞めればどうなるか。

まず、親分はここぞとばかりに恐喝の材料にしてくるだろう。「盃を無視して抜けるなら、一億円を払え」と恫喝される者も少なくない。その金が用意できなければ、親分はそれを口実に徹底的に身ぐるみを剥いで、丸裸にして裏社会から追い出す。

また、うまく暴力団から抜けられたところで、暴排条例における「五年ルール(元暴5年条項)」といって、脱退からおおむね五年間は暴力団構成員としてみなされ、銀行口座の開設や、自分名義で住宅を借りることが認められない。それまで真っ当な職に就いたことがなく、何一つ資格もない者たちにしてみれば、仕事探しは困難を極める。

こうした者たちの行きつく先はどこか。困窮してドヤ街に流れ着いて日雇い労働で糊口《ここう》を凌《しの》ぐか、ホームレスとして生きていくか、あとは国に泣きついて生活保護を受けて生きていくかだ。

そこまでしても、彼らは安心できる人生を手に入れられるわけではない。それまでの暴力団人生で散々周囲から恨みを買っているので、組織の看板を失えば、人々は手のひらを返すようにして襲いかかって来る。襲撃されるリスクもあれば、なけなしの金を奪われるリスクもある。

このような現状をもっとも嘆くのは家族だ。本人は自分で蒔いた種だから仕方ないにしても、家族は散々泣きをみてきた経験からこう考える。

――暴力団に入ったところで夢も希望もない。

家族のその思いは、自然と子供へと向けられる。大半の家族が子供に対して、「父の真似をするな」「ヤクザの道に進むのだけは止めろ」というのは、そのためだ。

では、子供たちはそれを聞いて、いかなる決断を下すのか。

最後の章では、親とは別の道を歩むことを決意した子供たちについて見ていきたい。

13　ヤクザにはなるな

栃木県宇都宮市は、北関東最大の商工業都市だ。市内には巨大な工場や工業団地が点在し、全国から多くの労働者が仕事を求めてやって来た。すでに述べたように、宇都宮ではD会の二次団体が大きな力を持っており、複数の事務所を置いていた。

一九八五年、宇都宮にあるD会の三次団体に若い衆として加入したのが、十九歳だった伊坂丈太郎だ。地元で生まれ育ち、不良として鳴らした後に、D会の盃をもらったのだ。

当時、この三次団体は構成員三百人ほどの大所帯だった。丈太郎は親分のドライバーを務めながら、裏社会の人脈を着実に広げ、シノギを覚えていった。主な稼ぎは、覚醒剤の密売だったという。

一九九一年、丈太郎は三歳下の庸子との間に子供ができたために結婚。この時に生まれた長男が辰也だった。丈太郎と庸子は暴走族時代の先輩後輩の関係で長い付き合いだったものの、結婚後は行き違いがつづいた。

丈太郎は若手として親分について回ったり、組織の用事をしたりしなければならず、庸子は生活費を稼ぐために毎日明け方までホステスとして働かなければならなかった。家で顔を合わせることはほとんどなく、家計から育児まで何もかも庸子の役割。庸子の胸に夫への不満が募っていくのは当然だった。

辰也の出産から五年後、第二子である長女が生まれた時には、夫婦関係は冷え切ったものになっていた。家で顔を合わせれば口論になり、家庭内暴力につながることも少なくない。辰也が小学校に上がる年、ついに庸子は丈太郎との離婚を決意する。

離婚後、庸子は一年も置かずに新しい恋人を見つける。勤め先のキャバクラの経営者だった。籍こそ入れなかったが、庸子は辰也と娘を連れてその男性と同棲をはじめた。経済的にも、そちらの方が楽だったのだろう。

辰也は語る。

「両親が離婚したのが小学一年の時だったから、俺は実の親父がヤクザだってことはまったく知らなかった。お袋もそのことは教えようとしなかったね。子供にとって親がヤクザだなんてことはマイナスにしかならないと思っていたんじゃないかな。

俺にとっては、お袋の恋人が父親っていう感覚だった。血がつながっていないのは知っていたけど、育ての親だったしね。近所の人も実の親子だって思っていたんじゃないかな。

離婚後も、月に一回くらいのペースで実の親父とは会っていたよ。向こうが会いたがっていたみたい。週末の夜とかに俺と妹で焼き肉店へ連れて行ってもらってたらふく食べさせてもらった」

この頃、丈太郎はドラッグの密売の仕事を成功させ、何人か若い衆を抱えるまでになっていた。キロ単位で覚醒剤から大麻まであらゆる種類のドラッグを入手し、小分けにして売っていたのである。そのため、かなり羽振りが良く、会うたびにお小遣いをくれたり、ほしいものを買ってくれたりしたという。

辰也は言う。

「親父は、ベンツやBMWを乗り回し、金の腕時計をつけて、いわゆる成金みたいな感じだった。食事に行く時に、若い衆がついて来ることもよくあった。

親父も自分がヤクザだとは言わなかったけど、ヤバイ雰囲気はあったよね。俺も子供ながらに、ただ者じゃない空気を感じていた。だから、俺は小さな時から今に至るまで、親父に対してタメ口でしゃべることができなくて、ずっと敬語なんだ」

暴対法によって暴力団の活動がどんどん狭められていく時代、丈太郎はシノギをドラッグ密売の一点に絞り、勢いに任せて裏の世界の階段を駆け上がろうとしていたのだろう。辰也が感じていた怖さとは、そうしたところにあったのではないか。

不良世界の序列

小学校の高学年では、辰也は地元のサッカークラブに入って、毎日夢中になって練習に明け暮れていた。足が速く、器用だったこともあって、チームではエースとしてメンバーを引っ張った。ちょうど日韓ワールドカップが開催されていたことあって、将来はプロ選手になって世界に羽ばたくんだと夢見るようになった。

この頃になっても、辰也は月に一度サッカーの練習が終わった後、実父の丈太郎と食事に行っていた。以前と異なったのは、年齢が上がり、父親の正体を察するようになったことだ。洋服の袖や襟元から見える刺青、取り巻きの若い衆、派手な金づかい、それらはテレビで見る「ヤクザ」と瓜二つだった。

ある日、辰也は食事の最中に思い切って、その疑問を投げかけた。丈太郎は一言こう返した。

「ああ。そうだ」

疑いが確信へと変わった瞬間だった。

二〇〇三年、辰也は地元の公立中学へ進学した。その中学は、市内でも有名な荒れた学校だった。授業中でも髪を染めた不良たちが廊下や校庭にたむろして堂々と煙草を吸い、廊下にはシンナーの入ったビニール袋や空き缶が無造作に捨てられていた。

この中学で、新入生に対して行われていたのが「タイマンの儀式」だ。先輩たちが目立っている生徒を呼び出し、「一年のアタマを決める」という名目で、一対一で喧嘩をさせるのだ。何日もかけて行われ、最後まで勝ち抜いた人間が、その学年のトップとして認められる。

辰也もサッカーでの活躍が災いし、先輩に呼び出され、タイマンの儀式に参加させられた。体の小さかった辰也は運動神経は良くても、喧嘩は苦手だった。タイマンの度にあっという間にねじ伏せられ、序列を下げられていく。

脳裏を過ったのは、このままだとパシリにされるという危機感だった。彼の言葉である。

「不良の中では、序列ってすげえ重要なんだ。グループでも上の立場の人間は好き勝手に威張り散らせるけど、底辺の人間はクズみたいな扱いを受ける。気晴らしに殴られ、金をむしり取られ、万引きをさせられる。タイマンで負けつづけていた時に頭に浮かんだのは、このままだと中学三年間ずっとパシリをやらなければならなくなるって恐怖だった。でも、体が小さいから、腕力じゃ相手に勝てないだろ。そこで自分が生き抜く術を必死になって考えたんだ」

辰也が思いついたのが、実父の丈太郎の名前を出すことだった。実の父親がD会の構成員だと公言すれば、周りを威圧できる。

予想は的中した。父親の素性を明らかにしたところ、先輩や同級生たちは辰也を特別視するようになったのだ。だが、それは同時に辰也が不良の世界に自ら飛び込むことを意味していた。

案の定、学校の不良たちは辰也を夜遊びに連れ回したし、辰也も断れずに付き合った。次第にサッカーの練習に顔を出さなくなり、学校でも問題児として見なされた。

中学一年の二学期になると、辰也は髪を派手に染め、大きなボンタンをはいて堂々と煙草を吸うようになっていた。体が小さかった分、派手に振舞うことで虚勢を張るしかなかった。

母親の庸子は、辰也の振る舞いを快く思っていなかった。辰也が喧嘩で相手を怪我させて呼び出された時は顔を真っ赤にして叱りつけたし、自分の目の届くところで煙草を吸うのを絶対に許さなかった。

少し前に、庸子は六年ほど同棲したキャバクラの経営者の男性と別れ、自分の稼ぎだけで生活を成り立たせていた。そのぶん、なんとか子供を健全な道に進ませたいという思いがあったのだろう。

実父の丈太郎は、庸子とは正反対の考え方だった。相変わらず月に一度くらいのペースで食事に行っていたが、彼は息子が不良の道に進んだのを喜び、「将来、おまえを一人前の極道にさせてやるからな」とか「いつでも事務所に遊びに来い」と言った。

暴対法ができて十年以上が経ったことで、宇都宮市内の暴力団を取り巻く環境は厳しくなっており、さらに二〇〇三年には関西を拠点とするV組が北関東に進出して来たことで二カ月に及ぶ大きな抗争が起きていた。

その間、二次団体の構成員は半分くらいにまで減り、シノギもずいぶん狭められていた。それでも、丈太郎は金と力を蓄えることに成功し、二次団体でそれなりの役職をもらうまでに出世していたため、己の生き方に誇りを持っていたのかもしれない。

辰也は暴力団に憧れていたわけではなかったが、実父からくり返し誘われたり、金回りの良さを見せつけられたりするにつれ、次第にその道に進むのも一つかもしれないと考えるようになっていった。月に一度食事をするだけだったので、良い面しか見ていなかったことも大きかっただろう。

中学三年の終わり、そんな辰也の進路を大きく変える出来事が起こる。高校進学を希望し、県立高校一校、私立高校二校を受験したのだが、すべて不合格。やむをえず、定員割れしている定時制高校を受験したが、そこも不合格になり、進学が叶わなくなったのだ。

辰也は言う。

「全日制はともかく、定時制まで落とされたのは意外だった。定員割れしている学校だったんで、俺の周りはみんな合格していたし、普通に考えて落ちるわけないじゃん。それなのに、俺だけ不合格だったんだ。

周りから言われたのは、『おまえの親父がヤクザだからだ』ってことだった。高校側が俺の実の親がヤクザだって知っていて落としたってこと。そうじゃなけりゃ、不合格の説明がつかない。俺はあの時ほど社会を憎んだことはなかった」

定時制高校側が辰也の血縁関係まで把握していたかは定かではないが、不合格にする何かしらの理由があったのはまちがいないだろう。

父のドラッグを盗む

中学卒業後、フリーターとなった辰也は丈太郎のところへ行き、今後のことについて相談した。高校の不合格によって社会に対する不信感を膨らませていた彼の頭の片隅には、あわよくば父親に拾ってもらってD会の構成員になり、派手な生活ができればという期待があった。これまでの実父の言葉からもそうなるだろうと予期していた。

しかし、丈太郎の返事は意外なものだった。

「何でもいいから、仕事に就け。若いうちはフラフラしてないで、社会の厳しさを身をもって学ぶんだ」

まだヤクザになるには若すぎるということなのだろうか。辰也は「わかりました」と答え、仕事を探すことにした。

辰也は建設会社に作業員として入社し、各地の現場で働きだした。仕事は重労働だったが、午後五時には終わるため夜は丸々空く。辰也は中学時代の仲間を呼び集め、暴走族を結成することにした。

不良として名を上げることにしか生きがいを見いだせなかった。

当時、宇都宮市内でも暴走族は下火になっていたため、新たなチームを立ち上げる必要があった。それをするには、D会の了承を得て、ケツ持ちになってもらわなければならない。辰也が頼ったのが丈太郎だった。

彼は丈太郎のもとへ行き、頼んだ。

「親父、族をやりたいんです。D会にケツ持ちになってもらえませんか」

今度は即答した。

「おまえがその気なら、俺の舎弟に面倒みるようにつたえておくよ。ケツ持ち代は払わなくていいようにしてやっから、好きなように暴れろ」

辰也はこうして父親のお墨付きをもらって暴走族を結成。総長として二十〜三十人のメンバーを束ねることになった。

丈太郎は、息子が暴走族をしていることが嬉しかったようだ。集会の時に、車で乗り付けて見物に来ることがあった。そんな時、丈太郎は部下に対して「こいつが俺の息子だ。族の頭をやっているんだ」と自慢げに語っていたという。

辰也はそんな父親を見て、やはり自分が不良をやっているのを応援してくれているのだろうと思った。いつかはＤ会の構成員になれる日がくるはずだ。辰也は仕事の合間に事務所へ遊びに行ったり、ドラッグの密売の手伝いをしたりした。

彼は語る。

「親父の周りには常にドラッグがあったよ。家には数キロ単位でいろんなドラッグが隠してあったし、一緒に食事に行くついでに取引をすることもあった。『ちょっと受け取って来るから車で待ってろ』なんて言われて、どこからともなく大量のドラッグを持って来て後部座席にポンと置くとか普通だった。

俺は親父の家に遊びに行ったついでによくドラッグを盗んだ。隠し場所を知ってたんでくすねるんだ。シャブ、マリファナ、コカインなんでもやったよ。親父は気づいていただろうけど、何も言ってこなかった。

背中に墨を彫ったのも十六歳の年だね。親父やその周りの人たちもみんな立派なものを入れているじゃん。それを見て俺もやってみたいと思ったのがきっかけだった」

暴走族やドラッグに夢中になっているうちに、辰也は建設の仕事を休みがちになっていった。真面目に汗水流して働くのが馬鹿馬鹿しく思え、暴走族仲間とともに引ったくりや窃盗によって安易に現金を得るようになっていった。

激変した暴力団の環境

辰也は、実父をバックにして怖いもの知らずの日々を送った。

暴走族は、D会の威光を傘にして週末ごとに爆音を轟かせ、目立つ人間を次から次に暴力でねじ伏せて勢力を拡大していく。恐喝や強盗によって金を集め、自分たちでドラッグを楽しむだけでなく、後輩や中学生にまで売りつける。ドラッグは瞬く間に地元の若者たちを汚染していった。

警察が、こうした状況を黙って見逃すわけがない。数カ月にわたって辰也をマークした後に、傷害や強盗など数え切れないくらいの罪状で辰也を逮捕する。家庭裁判所では、犯罪傾向が著しく進んでいるとされ、少年院への送致が決まった。期間も一年七カ月という長さだった。

少年院での日々は、辰也にとってつらく厳しいものだった。もともと喧嘩が強いわけでもない彼は、入って早々に他の少年たちから目をつけられ、寮や教室でいじめられた。法務教官の目の届かないところで、腹や脇を殴られたり、唾を吐きつけられたりするのだ。トイレ掃除の当番の時に、わざと壁に精液がかけられていたこともあった。

少年院で屈辱的な日々を過ごしながら、辰也はここを出たらやはり暴力団の盃をもらおうと考えた。一般社会で働いたところで夢や希望があるわけじゃない。それなら、実父との関係を活かして裏社会で名を上げた方が得だと思ったのだ。

出院が近づいたある日、宇都宮に暮らす丈太郎に手紙を送った。法務教官にわからないように隠語をつかって、ここを出たらD会の構成員にしてほしいと頼んだのだ。必ずや歓迎してくれるはずだと思っていた。だが、数日後に届いた丈太郎からの手紙には、次のように記されていた。

〈俺はおまえにその道に進ませるつもりはない。若い時代に多少のヤンチャをするのならいいが、こっちの世界にくることは許さない。おまえは社会の中で正業を持って生きていけ〉

目を疑ったが、その裏には辰也の知らない暴力団を取り巻く実態があった。数年前の大きな抗争をきっかけに、V組の進出が顕著になっており、これまでのようにD会だけで裏社会の利権を牛耳るのが難しくなっていたのだ。

丈太郎は、息子の前では豪奢に振舞っていたが、今後は先細りするシノギを他組織と奪い合わなければならないことを痛いほどわかっていた。それは必然的に刑務所を行き来する人生が待っていることを示している。そんな世界に、未来のある息子を入れたくなかったのだろう。

少年院を出た時、辰也は十八歳になっていた。暴走族時代の仲間は誰一人として暴力団の盃を受けておらず、建設業や夜の街で働くか、親の自営業を継いでカタギの身として生きていた。

辰也は出院してすぐに丈太郎のところに行き、何か仕事を斡旋してくれないかと頼んだ。丈太郎が息子に紹介したのは、地元の夜の街でキャバクラを経営している男性だった。

後で知るのだが、この頃の丈太郎はすでにドラッグの密売から手を引き、中古車販売業を営んでいた。D会に籍は残してあるが、裏稼業からはほとんど足を洗っていたのだ。

辰也は言う。

「今じゃ、この街ではヤクザ一本で食っていくのは難しいと思う。宇都宮にはD会、V組の他に、W会の勢力もあって、それぞれドラッグを扱っているから、同じことをやってもそんなに儲からない。逮捕されるリスクしかないんだ。

地元出身の親父にしてみたら、それならこれまでの人脈をうまく利用して中古車を右から左に流してビジネスにした方がいいってことだったんだろうね。他の組員たちも大概が中古車や解体の会社をやったり、キャバクラやスナックを経営したりして生計を立てているって聞いている。今時ヤクザをやろうっていう人間は、よほどのバカか、任侠映画にかぶれた奴しかいないよ」

中学一年で不良の世界に足を踏み入れてから十八歳まで、辰也は実父の影響を受け、自分も構成員になることを目指して生きてきた。だが、気がついた時には、暴力団は何一つメリットのない世界になっていたのだ。

辰也は、紹介されたキャバクラで黒服として働いた。途中でドラッグに溺れたり、傷害事件を起こしたりした時期もあったが、なんとか辞めずに店長にまで上りつめた。そして、二十三歳の時に、一念発起してキャバクラの新店舗を開店させて独立。わずか二年で店を軌道に乗せると、二十五歳で二号店をオープンするまでになった。目下の目標は、できるだけ早く三号店を出すことだという。

彼は実父との関係をこう語る。

「最近はあんまり会ってないな。族をやっていた頃は、いろいろと相談することもあったけど、今は俺も親父もそれぞれ別の事業のオーナーだから、絡むことが少ないんだよ。たまに連絡してビジネスの話を聞くくらいかな。

親父は一応現役のヤクザだけど、組としての実態はないも同然だと思うよ。ただ、古いつながりがあるから、籍を残して、たまに事務所に顔出してつながりを持っておく程度だ。それでもヤクザの中では、そこそこうまくいった方じゃないかな。親父と同じ年代のヤクザの中にはシャブ中で廃人になったり、自殺したり、ホームレスみたいになったりしてる人間もいるからな」

少年院を出る時、実父から暴力団に入るのは止めろと言ってもらえたのは幸運だと思っているという。それがなければ今の成功はない。これからも相談相手としてずっと仲良くしていきたいと考えているそうだ。

最後に辰也は、父親をかばうような言い方をした。

「俺が中学の時にグレて道を踏み外したのは、親父のせいじゃなく、中学が荒れていたせいだと思っている。俺が身を守るために親父を頼ったわけで、親父にそうするように仕向けられたわけじゃない。高校へ行けなかったのは、その後の話だ。もし真面目にやっていれば、親父がヤクザだろうと何だろうとちゃんと生きて行けたはずだ。だから、いろいろとあったことは自分の責任と受け止めて、今は前を向いて生きているよ」

14　生きるために故郷を捨てた

「俺がこうしてインタビューを受けているのは、肉親にヤクザがいるというだけで、社会でものすごく差別を受けて生きていかなければならなくなるということを知ってもらうためです。ほとんどのヤクザの子供が出自を隠している。俺の妹だってそう。むしろ、石井さんのインタビューを受ける方が珍しい人たちですよ。だからこそ、俺が自分の口で、ヤクザの血を継ぐのがどういうことなのか、ちゃんと発言したいって思ってここに来たんです」

祖父もヤクザ

山中速人は、一九九三年、大阪府堺市の生まれだ。

父親は、十代で暴力団の盃を受けた構成員だった。だが、速人は父親のことをまったく覚えていない。父親は二十二歳で、暴力団同士の抗争で命を落としたからだ。

なぜ、母親はそんな男と結婚したのか。それは彼女の父親がV組傘下組織の親分だったことが影響している。

母方の祖父は、在日韓国人の一世だった。詳しいことはわからないが、戦後に仕事を求めて日本に渡って来たようだ。若い頃にV組の当代を輩出した最大勢力の二次団体の盃を受け、堺市に三十人ほどの子分を従えて三次団体の組事務所を開設した。

三階建ての事務所の一部が自宅だったため、二十四時間構成員の出入りがあった。そんな家庭で生まれ育ったのが、速人の母親の恭子だったのだ。

恭子は出自を隠すこともできず、小学生の頃から「ヤクザの娘」として生きてきた。中学生になると、自然に不良少女たちが周りに集まって来たが、彼女はそれを笠に着るような性格ではなく、むしろ女同士のいじめや罵り合いを止めさせるようなタイプだったそうだ。リーダーシップは、父親譲りだったのだろう。

一方、父方の祖父も在日一世で、関西から東海地方を仕事で転々とした後に、大阪で工務店を経営していた。彼自身は構成員ではなかったが、当時の建設業界は暴力団とは切っても切り離すことができない関係だったため、複数の組織と密接な関係があったそうだ。

父親はそんな環境で育ち、中学では早々に番長の座につき、在学中に暴走族を立ち上げた。そんな彼の中学で二歳下だったのが、先の恭子だった。

当初、二人は中学の先輩後輩の関係だったが、お互いに在日三世として似たような境遇で育ってきて親近感を抱いたのだろう。二人で改造したバイクに乗り、夜の街を駆け抜けているうちに惹かれ合い、恋愛関係になっていった。

父親は中学卒業後、進学せずに暴走族を辞め、V組の二次団体に加入した。ここは、V組のナンバー2である若頭が率いる名門組織だった。半端にヤンチャをしているより、少しでも早くその道に進みたかったらしい。

恭子が妊娠しているのがわかったのは、二年後のことだった。高校一年だった彼女は高校を中退。彼と所帯を持って長男の速人を産み、さらに二年後には長女を出産した。二人にとって幸せの絶頂期だった。

だが、長女が生まれて間もなく、一家を悲劇が襲うことになる。抗争に巻き込まれ、父親が死亡したのだ。

長男の速人は語る。

「組織同士の争いで、親父は死んだようです。未だに詳しい経緯は教えてもらっていないのですが、死因は脳出血だったみたいなので、頭をカチ割られたか何かでやられたんでしょう。若かったこともあって血気盛んだったんじゃないかな。

この時、お袋は十八歳で、子供はゼロ歳と二歳ですから、相当ショックだったと思いますよ。ヤクザという人種を嫌うようになったのは、それからだったそうです。夫を殺した犯人への憎しみというより、ヤクザの世界そのものへの恨みが大きかったみたいです。ヤクザという生き方が、自分たち家族をこんな目に遭わせたって思っていたんでしょう」

暴力団構成員の妻である以上、恭子は夫を殺されたところで、怒りをぶつける相手もいなければ、誰からも同情してもらえない。

彼女は幼い子供二人を抱きかかえ、堺市の実家にすごすごと引き返した。いくら暴力団を憎んでも、三次団体の親分である父親を頼らざるをえなかったのだ。

先述のように、恭子の実家は、組事務所を兼ねた三階建てのビルだった。一階が事務所で、二階が客間や部屋住みの若い衆が寝泊まりする大部屋、三階が家族の住居。この頃、恭子の両親は近所の別宅で過ごしていたため、親に頼んで、三階に住まわせてもらった。

恭子は長女が手を離れるまでは両親の支援で暮らしていたが、それ以降は地元のスナックで働いて生活費を稼ぐようになった。暴力団の親の脛《すね》を齧っているより、自分で地に足をつけて生きていきたいと思っていたのだろう。

彼女は子供たち二人に口癖のように言った。

「お母さんは、絶対に再婚しないから安心してね」

恭子はこれまで再婚によって家に居場所を失った仲間を数多く見てきたからこそ、自分の子供には同じ思いはさせないと決心していたのだ。

長男の速人と長女にとってもう一つ心強かったのが、祖母から惜しみなく愛情を注がれたことだ。祖母は、あまり組織運営にはかかわらず、自らお好み焼き屋やスナックを運営して経営者として辣腕を振るっていた。

祖母は孫たちのことを常々気にかけていて、恭子が日中に用事で出かけなければならない時は店に誘ってご飯をご馳走し、夜の仕事がある日は三階の住居に来て寝かしつけをした。おかげで速人は母親が働いていることで寂しい思いをした記憶がほとんどなかったという。

速人にとって母親と祖母が頼もしい存在だったのに対し、祖父には怖いイメージしかなかった。祖父は年齢の割には大男で、傍らには常にいかついボディガードを何人も従え、子分が少しでも粗相をすれば目を血走らせて容赦なく殴りつけた。外で速人と出くわすことがあっても、見向きもせずに通り過ぎ、三階の住居に訪ねて来ることもなかった。まれに用があれば、祖母か子分がつたえに来た。

速人は語る。

「事務所には大勢の子分がいたので、じいさんとしては威厳を保たなければならなかったんでしょう。孫が好きか嫌いとかじゃなく、孫をかわいがるようなヤワな姿を見せるわけにはいかなかったんだと思います。だから、睨みつけるような目で見てくるし、『ガキの分際で近づくな』というオーラがすごかった。

お袋は別の理由で、俺や妹にじいさんにはかかわってほしくなかったみたいです。経済的な理由で事務所に住まわせてもらっているけど、本音ではヤクザの悪い影響を受けさせたくなかったんです。だから、俺をじいさんに会わせたがらなかったし、他の組員のことも遠ざけていました」

恭子は、子供たちに悪影響が及ぶことを懸念し、学校に登録する自宅住所は身内の別の住所をつかっていた。組事務所に住んでいると知られて、子供たちを余計な偏見にさらしたくなかったのだ。

だが、組事務所と同じビルに暮らしていれば、速人たちは否応なく構成員たちと顔を合わせる。玄関は別々だったが、登下校や遊びに行く際に家の前を歩けば、構成員たちが周りに聞こえるような大きな声で挨拶をして頭を下げて来る。恭子は「お嬢」と呼ばれ、速人と長女はそれぞれ「若」「姫」と呼ばれていた。小学校の低学年まで、速人は構成員たちを親戚のお兄さんのように思って、カードゲームやキャッチボールの相手になってもらって遊んでいた。

速人が、構成員たちの素性を知るのは小学三年の頃だ。保護者達が同級生に「速人君のお家に近づいちゃダメ」と言ったり、学校側に「うちの子と速人君を別々のクラスにしてください」と言ったりしているという声が自然と耳に入るようになったのである。

速人はふり返る。

「近所の大人たちは、うちのことをすげえ嫌っていました。通学路であってもヤクザの家の前を通っちゃダメだとか、学校では俺としゃべらないようにしろとか。

つらかったのは、学校にも親にも相談できなかったことですかね。在日ということで避けられているなら、『国籍で差別をするな！』って声を大にして言えるけど、『ヤクザを差別するな！』とは言えないじゃないですか。国が社会の中でヤクザは悪い存在であって、差別して当然だって姿勢を取っているわけだから。

救われたのは、本当に仲の良かった友人は俺を差別しなかったことですね。『親はこう言っているけど、俺は俺だから』みたいに言ってくれて、内緒でこっそりと付き合ってくれた。それがなかったら、生きていけなかったと思います」

恭子は、そんな息子の様子を見て、たくましく育ってほしいと思ったのかもしれない。ある日、速人を近所のキックボクシングのジムへ連れて行って、練習を受けさせてみた。速人は大勢とやる球技より、個人技の格闘技の方が性に合っていると感じ、だんだんとのめり込むようになる。彼の中の「負けたくない」という気持ちが、より一層練習に向かわせた。

プロ格闘家になる夢

　中学に上がった時、速人は不良グループの一員となっていた。小学校の高学年の頃から、おとなしい同級生から距離を置かれ、好むと好まざるとにかかわらず寄って来るのはいきがっている者たちばかりだった。中学に上がって、そうした仲間たちが不良になったことで、速人も同じ道に進んだのだ。

　小学三年からキックボクシングに打ち込んできた速人は、ジムでも頭角を現し、素手の喧嘩では向かうところ敵なしだった。手加減しなければ、相手を殺しかねない。その強さは市内に知れ渡り、他のグループとの喧嘩では速人が顔を見せるだけで、相手がひれ伏すほどだった。

　速人は仲間たちから強さを求められていることを自覚しており、不良グループに入った後も、キックボクシングのジムに通って厳しい練習を重ねた。先輩の中には暴力団に入る者もいたが、速人は漠然とその世界に違和感を抱いていた。

　ある日、速人は暴力団の卑劣な実態を目の当たりにする。二〇〇五年頃の大阪では、地下格闘技がブームになっていた。毎週のように、どこかで興行が行われ、十代後半から二十代の不良たちが、リング上でほとんどルールなしの戦いをくり広げて強さを競い合う。ここで腕力を見せつけることが、その世界で名前を高めることにつながる。

堺市の裏社会で速人は名が知れていたことから、一回り年上の先輩たちから、地下格闘技の興行の度にチケットの売買を手伝うように求められた。五十～百枚くらいのチケットを束で渡され、一枚一万円前後で売れと言われるのだ。

速人はこのシステムについて説明する。

「地下格闘技のトップは、半グレがやっていることがほとんどです。そういう奴の後ろにはヤクザがいて、売り上げの多くはそっちに吸い上げられていく。地下格闘技って、結局はヤクザのシノギの一つなんです。

主催者の半グレは、地元で暴走族やギャングをやっている後輩たちにツテがあるので、そいつらに百枚ずつ渡して売って来いと命じる。パー券（パーティー券）みたいなものです。後輩たちは自分より弱いメンバーや後輩に売りつける。

本来、俺みたいな中坊は末端の売りつけられる立場なんですが、地元じゃ有名だったし、それなりのビッグネームと知り合いだったんで、間に立って売りさばくことを求められたんです」

こうして集められたチケットの売上金や、興行の中で行われる試合の勝ち負けで行う賭博が暴力団の資金源となる。

とはいえ、一枚一万円で百枚売るとなれば、百万円が必要になる。いくら地元では名前が知れているからといって、中学生や高校生がそれだけの金を用意するのは簡単ではないはずだ。速人はつづける。

「族の総長なら、二十人のメンバーに五枚ずつ売りつけて、メンバーがそれぞれの後輩なんかに売りつければなんとかなる。中間マージンを取れば、それなりに金も手に入ります。

でも、中坊だと、他校のシメた不良たちに無理やり売りつけるしかないんです。それでも金がないのが普通ですから、親の金を盗んで買わせたり、恐喝させて得た金で買わせたりするしかない。弱い立場の人間であればあるほど、そういうものを押し付けられて苦労することになる。

不良の世界のピラミッドって、頂点に君臨するヤクザが金を吸い上げるためのシステムなんですよ。下になればなるほど、多くを奪い取られることになるんです。だから、嫌でもどんどん悪いことをせざるをえなくなる」

速人はこうした現実を目の当たりにしたことで、暴力団の卑しい実像を肌で感じることとなった。彼らは「任侠」などと立派なことを言っているくせに、巨大な暴力のピラミッドをつくり上げ、弱い人間から金を搾り上げているだけなのだ。その末端で苦しんでいるのは、十二、三歳の使い走りにされる子供たちだ。

速人は、祖父ら暴力団がやっていることに失望し、嫌悪感を膨らませていく。だが、一度不良の世界に足を踏み入れ、喧嘩で名前を売ってしまった以上、簡単には抜け出せない。

そんな彼が抱いた目標が、プロ格闘家になることだった。地下格闘技の試合を何度か観戦して、自分の方がずっと強いという自負はあった。それなら、暴力団の道を進むのではなく、プロ格闘家になってカタギの世界に行くのはどうか。

速人の言葉である。

「真っ先に浮かんだのがK-1でした。俺はK-1を見て育ってきた世代だったし、ちょうどK-1甲子園っていって中学生でも参加できる大会があったんです。そこで日本一になれば、格闘家として日本全国に名前を広めて、一気にスターになれる。それをジムの人たちにも話して、これまで以上に練習に励みました。

格闘家を目指す中で一つネックになったのが、ジムで喧嘩ご法度の規則があったことです。一般人を相手にすれば命を奪いかねないので、ジムのルールとして一度でも暴力沙汰を起こしたらクビという決まりだった。ただ、不良をやっていれば、自分の意志に関係なく暴力事件の巻き添えを食うことがありますよね。なんで、そこらへんはうまく事件にならないようにしたり、周りに口止めしたりしてやっていました」

不良の世界は暴力団と同じで、メンツを極度に重んじる雰囲気がある。その中で自分の立場を守ろうとすれば、嫌でも売られた喧嘩を買ったり、仲間に加勢したりしなければならない。やがて速人もそんな出来事に巻き込まれる。

中学を卒業して定時制高校に通っている時のことだった。速人は、仲間の一人から恐喝されたと相談を受けた。相手は敵対する不良グループのメンバーだった。泣き寝入りすれば、自分たちが舐められて食い物にされる。

速人は恐喝した相手を捜し出すと、報復のために殴る蹴るの暴行を加えた。抑制するつもりだったが、仲間たちが見ていたこともあって、ついエスカレートし、全身数カ所の骨を折り、肺に穴が空くほどの傷を負わせてしまった。相手は瀕死の重傷で病院に搬送された。

負傷した相手は一命を取り留めたが、病院から通報を受けた警察が、加害者である速人を逮捕。家庭裁判所に送られたところ、相手の怪我が甚大だったこともあって、奈良少年院への送致が決まった。収容期間は十一カ月だった。

ジムはこの一件を問題視し、速人を規則違反で追放することに決めた。同時に、彼のプロ格闘家になる夢は潰えた。

速人は言う。

「少年院に入った時は、絶望って言葉しかありませんでした。俺にとって格闘家になることが唯一の夢だったから、ジムを破門になったことで目の前が真っ暗になった。もう人生終わったな、と。自分のせいなのでしょうがないですけど、どうやって生きていけばいいのか思い描けなかった」

傷害事件で刑務所へ

少年院からの出院の期日が近づいても、なかなか帰住先の調整が決まらなかった。母親の恭子が身元引受人になってくれたが、現住所が暴力団の事務所であったために、許可が下りなかったのだ。恭子は少年院と話し合いを重ねた上、いったん住所を変更した上で速人を引き取らなければならなかった。

十九歳になっていた速人は、高校を退学になっていたし、保護観察もついていたので、正業に就いておとなしくしている必要があった。保護司から紹介されたのが、関西に本社を置く食品加工会社だった。オーナーが少年の更生に理解があり、特別に正社員として雇ってくれたのだ。

オーナーは言った。

「うちの正社員はみんな大卒だ。君一人だけ高卒だと変に注目されかねない。だから、周りの人たちから聞かれたら、今は大学に籍を置いて見習いとして働いていて、卒業と同時に就職する予定だと説明しなさい」

速人にとっては、願ってもいないチャンスだった。ここで人生を変えようと心に決めると、絆創膏で指のタトゥーを隠し、髪を黒く染め、無遅刻無欠勤で懸命に働いた。少年院に行っていた過去は封印した。

だが、食品加工会社での仕事は、一年余りしか持たなかった。会社の従業員の中に速人を知る人物がおり、そこから出自や過去の過ちが暴かれたのだ。社員たちはそれを知って、上司に不平不満をぶつけた。自分たちは苦労して大学を卒業して入社しているのに、少年院上がりの中卒の不良が何の資格もなく同じ条件で採用されるのは不公平ではないか、と。

社内で不満の声が高まるにつれ、速人は雇ってくれたオーナーに申し訳ない気持ちになり、自分から退社を決めた。手を差し伸べてくれた恩人の顔に泥を塗ってまで留まりたくなかった。

それから一年ほどの間、自暴自棄になった速人は、夜の街で荒れに荒れた。せっかく心を入れ替えて生きていこうとしたのに、なぜ実家のことや過去の行いで梯子を外されなければならないのか。ヤクザの血を継いでいる人間には、表の世界で生きていく権利はないというのか。やりきれない思いが募り、何もかもがどうでもよくなった。

そんな中で、速人は立て続けに傷害事件を起こし、二十一歳の時に逮捕される。今度は川越少年刑務所に三年半収容された。堕ちるところまで堕ちた——。そんな思いしかなかった。

二十四歳で出所が決まった時、速人はまたしても帰住先の壁にぶつかった。身元引受人の母親が実家に住所をもどしていたせいで帰れなくなったのだ。

速人は言う。

「少年刑務所から言われたのが、ヤクザのところへは帰すことはできないということでした。俺がヤクザとは関係ないと言っても聞く耳を持ってくれなかった。どこまで実家のことがついて回るかって思いましたね。

こうした経験をしたことで、俺は大阪にもどったところで、人生を変えられないなと思っていました。食品加工会社の時みたいに、どこかで俺の出自や逮捕歴が明らかになって足を引っかけられる。本気でやり直したければ、それまでの人間関係を何もかも断ち切って、大阪から遠く離れた街で、一からはじめるしかないんじゃないかって」

社会には、協力雇用主といって刑務所から出た人間を雇い、立ち直りを支援する企業がある。川越少年刑務所は埼玉県にあったため、関東のそうした企業と関係が深かった。速人はその制度を利用し、大阪ではなく東京の建設会社に就職することにした。二十四歳にして人生を、まったく新しい土地で再スタートさせることにしたのだ。

速人の更生の意志は固く、間もなく会社の仲間から紹介された三歳下の女性と結婚し、家庭を持った。それは、東京に根を下ろして生きていくことの決意の表れだった。そして二十六歳になった今、彼と妻の元には生後半年の乳飲み子が誕生している。目下の目標は、今の会社で修業をつんで独立することだそうだ。

これまでのことを速人は振り返る。

「ヤクザの家に生まれ育ったことは人生最大の汚点です。損でしかないと思っている。妹も一時はグレたけど、年少へ行った俺を反面教師にして途中から勉強をがんばって、今は歯科衛生士になっています。彼女もヤクザが大嫌いで、じいさんの名前を出しただけで怒りだしますね。そんな話は聞きたくないって感じです。直接聞いたことはないけど、彼女もすごく嫌な思いをしてきたんでしょう」

その祖父は、数年前に組を解散させたという。上部組織であるV組の内部分裂に巻き込まれたことで、もう潮時だという思いがあったようだ。それから間もなく、祖父は病気で他界したが、速人も妹もその知らせを受け取っても葬儀には出なかった。その理由を速人は述べる。

「葬式に出たところで、ヤクザが会場で偉そうにふんぞり返ってるだけでしょ。そんな奴らと顔を合わせたくなかったし、お袋や妹と祖父に関する懐かしい思い出話ができるわけでもなかった。ヤクザたちだけで勝手にやっててくれっていう気持ちでした。

今のヤクザには、仁義なんてまるでないでしょうね。金、金、金の世界。とにかく金を集めるってことしか考えてない。いくらじいさんや親父がヤクザだったからといって、そんな世界にはまったく魅力を感じない。祖母もお袋も、今は昔の関係を絶って、細々とお好み焼き店を営んでいます。そういう生活の方がずっと幸せなんでしょう。ただ、俺みたいな人間にとって、そんな幸せを手に入れることほど難しいことはないんですけどね」

速人はそう言って苦笑いした。だが、最後の言葉こそ、彼がつたえたかったことであり、同じような境遇の者たちの本音なのだろう。

あとがき

家庭のあり方は、家によってまったく違うと言われる。しかし、本当にそうなのだろうか。

家庭を形づくる要素は、親の家族観、地域性、年収、宗教、性別、趣味、習慣など様々だ。これら無数の要素が複雑に絡み合って、それぞれの家庭を形成するという意味では、家の数だけ家庭の形があると言ってまちがいない。

だが、本書のように暴力団の家庭を抽出して並べてみた時、すべて異なる家の話であるにもかかわらず、親の生き方から子供に及ぼす影響力まで、類似する部分がたくさんあるように感じるのは、私だけではないだろう。

なぜか。それは現代社会において、暴力団の家庭が大きく分けて四つの点で特性を持っているからだと思う。

第一に挙げられるのが、暴力団の行動原理だ。

本書の冒頭で述べたように、彼らは暴力によって他者を支配することで自らのアイデンティティーを築き上げている。それはシノギと呼ばれる生業だけでなく、日常の生き方にも通じることであり、組織内では子分を暴力で支配し、家庭内では妻子を暴力によって支配しようとする。

だが、暴力団であろうと何だろうと、父親が配偶者に暴力を振るえば「ＤＶ」であり、子供にすれば「児童虐待」となる。その点において、暴力団の家庭では往々にして過剰なほどの暴力がはびこる傾向にある。

第二が、配偶者である母親の特性だ。

暴力団の盃を受けた男性に憧れ、結婚し、子供をつくろうと考える女性たちの中には、元不良、薬物依存症、売春、水商売といった共通点を持つ者が少なくない。それらは社会的には、ブラック、もしくはグレーゾーンに位置づけられる。逆に言えば、そういう世界に足を踏み込んでいる女性でなければ、なかなか構成員と接点を持ちえない。

「私は刺青だらけのヤクザじゃなければ、『漢』を感じない」

こう公言する女性の大半は、似たような境遇で生きてきたために暴力団に対して強い親近感を抱く。

異性の何に魅力を感じるかは個人の自由だが、彼女たちの一部は、自らが適切な家庭環境で育っていないため、きちんとした子育てができない。だから目先の欲望に走り、その皺寄せが子供にいく。

たとえば、本書にも育児放棄をする母親や、男を頻繁に家に連れ込む母親が登場する。おそらく彼女たちの常識では「普通」なのだろうが、当の子供にとっては虐待と何ら変わらない状況だ。

第三に挙げられるのが、覚醒剤をはじめとするドラッグとのかかわりだ。

暴力団のシノギが狭められ、多くの者がドラッグの密売に手を染めている現状では、親が依存症になっているケースが少なくない。セックスの快楽を助長するという効果から、両親が共に常用していることも珍しくない。

親がドラッグを常用していれば、思考や言動が異常なものになるのは必然だ。家という密室において、子供は親の狂気を目の当たりにしなければならない。そこでくり広げられる光景は、本書で再三見てきた通りだ。

最後が、社会的な排除・差別である。

父親が暴力団の構成員というだけで、国からは暴対法や暴排条例によって締めつけられ、近隣住民からは白い目で見られる。親は自業自得としても、子供にとっては不条理な差別でしかない。

本書に登場する子供たちは、小学校高学年くらいで、周囲からの差別を自覚したと証言している。それが子供にとって、心を潰されかねないほど大きな社会的圧力であることはまちがいない。

このように、家族に右記の四つの特徴がある場合、悪い意味で似通った生活環境に陥る傾向にある。子供たちがその影響を受けて道を外れた時、そこで待っているのは、暴力団を頂点とした搾取のピラミッドだ。

一次団体は二次団体から吸い上げ、二次団体は末端の組員から吸い上げ、末端の組員は暴走族や小中学生から吸い上げる。底辺で行われているのは、暴力や薬物をつかって十代の子供たちを支配し、売春や窃盗をさせて金を吸い上げる徹底的な搾取だ。そこでは、勝者になってさらに弱い者から奪うか、搾られるだけ搾られてボロ雑巾のように捨てられるかの二つに一つしかない。

先輩からの暴力、暴走族のような不良集団への加入、ドラッグの乱用、警察による逮捕、十代での妊娠、そして貧困――。子供たちが似たような状況に陥るのは、それほど裏社会のピラミッドの力が大きいからだ。

こうした構造は、なかなか表の社会の人々の目には映らない。暴力団家庭で育った子供たちが道を外れれば、「蛙の子は蛙」と見なされ、自己責任とされることの方が圧倒的に多い。学校にせよ、地域にせよ、「あの子は、ヤクザの子だからそうなったんだ」と考えがちなのだ。

だが、本書の読者であれば、そんな安易なレッテルを貼って片づけられる問題ではないことは明らかなはずだ。

あえて私の意見を言えば、暴力団の家庭に生まれ育った時点で、大半の子供たちには「支援」というより「保護」が必要だ。

巷には、暴力団をエンターテインメントとして扱っている映画やドラマが氾濫し、メディアは成功を手にした一握りの大幹部ばかりを追いかけて暴力団の実像として報じている。それがいけないとは思わないが、現実の暴力団構成員のみんながみんな〝高倉健〟や〝ビートたけし〟ではない。むしろ、大方の構成員たちの家庭の日常は、本書に記しようなものなのだ。

ならば、国や社会は、こうした家庭に対して何をするべきなのか。

暴力団構成員の犯罪行為だけに目を向けるのではなく、家庭に対する監視体制をつくるべきだ。そして子供の身に何が起こりやすいかを理解した上で、必要と判断すれば即座に保護しなければならない。

親はその世界に通じているため、一般的な虐待家庭よりも、警察や児童相談所など公的機関が持つ発見・介入・保護の網をすり抜けることに長けているし、その手段も数多持ち合わせている。だからこそ、暴力団家庭を一つのカテゴリで考え、特有の傾向を踏まえた上で、早い段階で子供たちを児童福祉につなげる必要がある。本書を著したのは、その内情をつたえることで、その重要性を訴えたかったからだ。

最後に、かつて少年院で出会った男子のことを記したい。

その少年は大阪の暴力団家庭で育ったが、幼い頃から父親に闇カジノや窃盗の手伝いをさせられ、小学六年生の頃には覚醒剤を覚えさせられた。父親に命じられて、見知らぬ人をナイフで刺して逃げたこともあったそうだ。いわゆる、暴力団の捨て駒として利用された挙句に、十七歳で逮捕され、少年院に送られた。

その彼が、次のように語っていた。

「ヤクザの家に生まれて、小さな頃からその中だけで生きていくと、そこでやってきたことが普通になるんですよ。腹が減って金がほしければ人を殴って奪えばいいし、セックスしたけりゃ女にクスリを打てばいいし、学校や警察や役所はすべて俺らを憎んでいる敵だって考える。正直、今だってそうですよ。

だから、ここ（少年院）に来て、人と信頼関係を築けとか、困ったら助けを求めろって言われたって、何言っちゃってんですかって感じなんです。そんなことして本当に誰か何かしてくれるんですか。工場やスーパーで働いて給料はいくらもらえるんですか。ここの大人（法務教官）にそう尋ねても、ちゃんとした答えが返ってきたためしがない。まったく説得力がないですよ。

ぶっちゃけ、ここを出たら、俺はまた同じことをすると思います。盃をもらうかどうかは別にしても、俺の中でヤクザの生き方ははっきりとした一つの道です。それ以外にどういう道があるのかわかんないし、教えられても納得できないんだから、仕方ないですよね。俺を利用した親父はあんまり好きになれないですけど、一つの生き方を教えてくれたって意味なら感謝してもいいかなって思っています」

私はこの少年が生まれつきの悪人だとは思わない。ただ、育った環境によって、それ以外の生き方に接することができなかったのだ。そして、社会の側も、彼を納得させるだけの言葉を持ち合わせていない。

　この分断を埋めるには、まずは私たちの方から彼らの置かれている状況や心境を知るのが第一歩だ。本書に出てきた少年たちの声が、その一助となることを切に願っている。


本書は『実話ナックルズ』（大洋図書）二〇一八年一月号から二〇二〇年六・七月号（合併号）までの連載「暴排家族」を、大幅に加筆修正したものです。なお、本文の時系列は掲載当時のままになります。

　文中では、登場人物のプライバシーと身の安全を守るため、名前、名称はすべて仮名にしています。また、本人から希望があった場合のみ、家族構成や年齢を一部変更しています。